기독교로 읽는 세계사

[일러두기]

1. 이 책에서 인명을 비롯한 고유 명사는 표준국어대사전과 나라별 외래어 표기법을 따라 작성하였고, 이는 통상적으로 쓰이는 표현과 다른 경우가 있음을 밝힌다.

    예) 고이젠(X) → 회전(O)

2. 역대 교황 이름은 교황 사전과 통일하여, 라틴어 기준이 아닌 이탈리아어 기준으로 작성하였다.

    예) 인노켄티우스 3세(X) → 인노첸시오 3세(O)

3. 본문 괄호 가운데 '*' 표시는 역자 주이다.

기독교로 읽는 세계사

바 티 칸 은   어 떻 게   역 사 에   군 림 했 는 가

나이토 히로후미 지음 | 이유라 옮김

역사산책

목차

1장　　　　　　　　　　　　　　　　　　박해로부터의 출발 편

약소했던 기독교가
어떻게 로마 제국의 국교가 될 수 있었는가

17　초대 교황 베드로의 순교 ● 로마 교황이 가톨릭에서 특별한 존재인 이유

20　[칼럼] 바티칸의 의문 ①

22　교세의 확장 ● 3세기에 황제의 구심력이 약해진 제국에 기독교가 전파되다

25　기독교 탄압 ● 왜 로마 황제들은 기독교인에게 위해를 가했는가?

28　밀라노 칙령 ● 콘스탄티누스 대제가 기독교에 호의를 보인 이유

31　[칼럼] 바티칸의 의문 ②

33　니케아 공의회 ● 황제가 제1차 공의회를 주최하다

35　교황 실베스테르 1세의 허영 ● 로마 황제의 '밑'이 되는 것을 거부하며 공의회에 결석하다

36　콘스탄티노플 천도 ● 동쪽으로 수도를 옮기며 로마 교회에 강력한 맞수가 등장하다

38　라틴어 성경 번역 ● 로마 제국에 기독교를 뿌리내리게 한 언어 전략

40　국교화 ● 기독교가 국가의 핵심이 되며 로마 신들에 대한 신앙이 금지되다

43　로마 제국의 와해 ● 몰락한 서로마 황제를 대신해 교황이 로마의 수호자가 되다

46　아리우스파 테오도리크 대왕 ● 서로마 제국이 멸망한 뒤 이탈리아를 지배한 이단의 왕

48　유스티니아누스 1세의 간섭 ● 동로마 제국이 세력을 회복하며 로마 교황을 지배하다

51　랑고바르드족의 침입 ● 로마 교회를 괴롭힌 두 개의 족쇄

53　베네딕토파의 활약 ● 이단인 아리우스파 게르만족을 가톨릭으로 개종시키다

56　이슬람의 침공 ● 이교도 전쟁의 승리는 무엇을 가져왔는가

57　갑작스러운 성상 파괴령 ● 로마 교회가 동로마 제국에서 벗어나기로 결심한 계기가 되다

카롤루스 대제의 대관식으로 우월함을 드러내지만, 로마 교황의 수난은 계속된다

63　**피핀의 프랑크 왕국 왕위 찬탈** ● 교황은 왜 프랑크 왕국에 접근했는가?

66　**피핀의 기증** ● 프랑크 국왕에게 받은 토지가 교황령의 시작이 되다

68　**콘스탄티누스의 기증** ● 교황 스테파노 2세의 속임수가 피핀의 기증을 탄생하게 했다!

70　**카롤루스 대제의 성전** ● 영토에 대한 욕심과 교황을 지키려는 마음이 합쳐져 정복에 열중하다

71　**카롤루스 대제의 대관** ● 레오 3세가 집전한 대관식과 서로마 제국의 부활이 서유럽의 원점이 되다

75　**카롤링거 왕가의 내분** ● 마침내 로마 교황에게 의존하기 시작한 카롤루스 대제의 자손들

78　**시체 재판** ● 황제가 없는 시대, 교황은 이탈리아 귀족의 꼭두각시가 되었다

80　**도색 정치** ● 유력가의 여자들이 교황을 차례로 갈아치우다

83　**오토 1세의 대관** ● 서로마 제국과 카롤링거 제국을 계승한 신성 로마 제국의 탄생

86　**신성 로마 황제 대 로마 교황** ● 황제는 교황의 수호자이며 파괴자였다

88　**사유 교회 제도** ● 봉건 영주가 세운 교회와 수도원이 기독교를 전파하다

90　**제국 교회 정책** ● 성당과 수도원을 신성 로마 황제의 직속으로 삼은 이유

92　**노르만족이 날뛰다** ● 바이킹의 습격 때문에 신앙심이 깊어지다

95　[칼럼] 바티칸의 의문 ③

신성 로마 황제가 족쇄에서 벗어나자,
교황은 '신의 적'이라며 배격하기 시작했다

99　**클뤼니 수도원의 개혁** ● 교회의 신성화에 기여한 반부패 운동은 어떻게 시작되었는가?

101　**황제 하인리히 3세** ● 황제가 교회 개혁에 공감하며, 기이한 3인 교황의 시대를 끝내다

103　**노르만족의 남이탈리아 침공** ● 노르만족과의 전쟁이 동로마 제국과의 결별로 이어지다

106　**그레고리오 개혁** ● 신성 로마 황제로부터 자립하고자 한 교황의 개혁

108　**[칼럼] 바티칸의 의문 ④**

109　**노르만 정복** ● 교황의 권위를 드러내는 역사적 대사건

111　**카노사의 굴욕** ● 교황 그레고리오 7세에게 완전히 굴복한 신성 로마 황제 하인리히 4세

114　**황제 하인리히 4세의 반격** ● 교황과 신성 로마 제국의 대결 제2라운드는 황제의 역전승
　　　으로 끝나다

117　**교황 우르바노 2세의 십자군** ● 십자군 성공이 교황의 권위를 절정으로 끌어올리다

121　**보름스 협약** ● 성직 서임권 투쟁이 끝을 맺고, 그레고리오 개혁의 목적도 달성하다

125　**바르바로사의 압력** ● 왜 황제 프리드리히 1세는 이탈리아 제패에 나섰는가?

128　**십자군 파탄** ● 십자군의 잇따른 실패로 인해, 교황의 권위 상승도 한계에 부딪치다

130　**교황 인노첸시오 3세** ● 강한 권력을 휘둘러 세 명의 황제와 왕을 파문하다

132　**프란치스코 수도회와 도미니코 수도회** ● 교황 인노첸시오 3세의 절정을 뒷받침한 새로
　　　운 수도회

134　**알비주아 십자군** ● 이교도도 아닌데 왜 탄압을 당했는가?

136　**유대인 박해** ● 나치의 '다비드의 별'로 이어지는 기독교의 불관용과 차별 의식

138　**이단 심문** ● 일류 교양인조차도 이단을 적시하고 탄압했다

141　**교황의 친족 경영** ● 타락과 절정을 동시에 의미하는 이유

142　**이색 황제 프리드리히 2세** ● 중세 교황에게 최후의 위협이 되었던 신성 로마 황제

146　**기벨린 대 겔프** ● 황제당과 교황당의 대립이 이탈리아를 내전으로 몰아넣다

148　**북방 십자군** ● 독일 기사 수도회에 의한 동방 식민이 새로운 독일을 탄생시키다

프랑스의 간섭, 흑사병, 부패로 인해
몰락하는 가톨릭과 급부상한 신교

153　**샤를 당주의 압력** ● 독일의 위협을 없애려는 교황이 프랑스 세력을 끌어들이다

156　**아나니 사건** ● 교황의 절대 우위를 목표하지만, 프랑스 국왕과의 투쟁에서 패배하다

159　**국왕의 신성과 민족의식이 싹트다** ● 프랑스 국왕 필리프 4세가 교황에게 굴복하지 않은 이유

161　**교황의 아비뇽 유수** ● 약 70년 동안 교황청을 프랑스에 두다

164　**대분열** ● 교황청은 왜 로마와 아비뇽으로 분열되고 말았는가?

167　**콘스탄츠 공의회** ● 오스만 제국의 위협이 교회의 대분열을 종식시키다

169　**후스 전쟁** ● 종교 개혁의 선구자 후스의 처형에 보헤미아 주민이 봉기하다

171　**메디치 가문과 유착하다** ● 로마 교황청의 금고지기로 번영하기 시작한 메디치 은행

173　**동로마 제국 멸망** ● 콘스탄티노플의 함락이 로마의 안정과 르네상스를 가져왔다

175　**파치가의 음모 사건** ● 메디치가의 포위망을 구축하다 로렌초에게 역습당한 교황 식스토 4세

177　**사보나롤라 대 알렉산데르 6세** ● 가장 타락한 교황이 이탈리아의 위기를 기적적으로 구하다

181　**체사레 보르자의 야심** ● 교황의 서자는 강력한 세속 군주에 의한 이탈리아 통일을 목표 했다

183　**교황 율리오 2세의 모순** ● 교황의 권위는 재건되었으나 이탈리아는 열강의 각축장이 되다

186　[칼럼] 바티칸의 의문 ⑤

187　**중남미로의 확대** ● 스페인의 신대륙 진출과 연결된 가톨릭 선교

190　**종교 개혁** ● 가톨릭이 오스만 제국을 상대로 최후의 군사적 대승리를 거두다

193　**로마 약탈** ● 로마 교황은 이제 세계의 중심이 아니다

196　**아우크스부르크 화의** ● 프로테스탄트와 타협 끝에 맺은 평화 조약에 종교의 자유는 없

었다

198 **칼뱅파** ● 근대화의 엔진이 된 강한 직업의식과 축재 의식

200 **영국 국교회의 성립** ● 로마 교회의 족쇄에서 풀려난 헨리 8세의 잉글랜드

202 **가톨릭 개혁과 예수회** ● 로욜라와 사비에르에 의한 수도회가 가톨릭의 재부흥에 앞장 서다

203 **레판토 해전** ● 가톨릭이 오스만 제국을 상대로 최후의 군사적 대승리를 거두다

205 **위그노 전쟁과 네덜란드 독립 전쟁** ● 프로테스탄트와의 종교 전쟁에서 열세가 된 가톨릭

207 **일본 기독교의 탄압** ● 에도 막부는 가톨릭의 침략을 두려워해 신분 증명 제도를 실시했다

210 **청교도 혁명과 30년 전쟁** ● 영국과 독일에서 피가 피를 부르는 종교 대립이 일어나다

213 **[칼럼] 바티칸의 의문 ⑥**

214 **베스트팔렌 조약** ● 신성 로마 제국의 사망 진단서는 로마 교황의 무력화를 의미했다

국가의 시대에 저항한 교황은 신뢰를 잃고, 스스로를 죄인으로 여겼다

219 **갈리아 주의** ● 국왕이 가장 존엄한 존재라고 주장한 프랑스 국왕 루이 14세

222 **명예혁명의 진상** ● 가톨릭 왕을 추방한 종교 사건

223 **청나라 제사 문제** ● 가톨릭의 집안싸움으로 중국 선교에 실패하다

226 **예수회의 절멸** ● 어째서 가톨릭 전도의 일등공신이 해산하게 되었는가?

228 **[칼럼] 바티칸의 의문 ⑦**

230 **프랑스 혁명** ● 이성이 절대시되며 반가톨릭 운동이 과열되다

232 **나폴레옹의 폭풍** ● '혁명의 아들'의 등장으로 교황 존립의 최대 위기가 닥치다

236 **이탈리아 통일 운동** ● 이탈리아 국민을 실망시킨 교황 비오 9세의 배신

239 **바티칸의 죄수** ● 이탈리아 왕국을 인정하지 않던 교황 비오 9세가 고립되어 바티칸에 틀어박히다

242 **프랑스의 정교분리** ● 프랑스 혁명으로부터 약 1세기 뒤, 정교분리가 확립되다

243 **바티칸 시국** ● 무솔리니의 체제 유지를 위한 이해타산이 바티칸 시국을 탄생시키다

246 **히틀러에게 접근하다** ● 교황과 나치의 연결고리는 반공주의였다!

248 **제2차 세계대전** ● 유대인을 보호하면서도 나치에 대한 비판을 꺼린 교황 비오 12세

마치며   평화의 사도 편

세계는 왜, 다시금 로마 교황을 필요로 하는가

255 **교황 요한 23세** ● 미국과 소련의 냉전 아래 시작된 교황의 새로운 시도

257 **순례자 교황** ● 교황의 부정적 이미지를 새롭게 바꾼 바오로 6세의 세계 순례

260 **폴란드의 연대** ● 교황의 모국 방문이 냉전 종식에 공헌하다

262 **세계의 필요** ● 많은 정보력과 신자 덕분에 존경받다

264 **[칼럼] 바티칸의 의문 ⑧**

서문

기독교의 역사를 알면 세계사의 진상이 보인다

세계사를 이해하기 위한 비결 중 하나는 기독교의 역사를 아는 것이다. 기독교 역사가 유럽의 역사이자 바티칸에 있는 로마 교황의 역사이기 때문이다.

기독교는 수많은 사람이 믿는 종교다. 예수의 가르침에는 자비가 넘치고, 가톨릭 세계를 통합하는 로마 교황은 '평화'를 이야기한다.

기독교로 읽는 세계사 - 바티칸은 어떻게 역사에 군림했는가

하지만 기독교가 세속적 권력과 얽히게 되면 바로 인간적인 역사로 탈바꿈한다. 특히 '신의 대리인'인 로마 교황이 정치와 연관되었을 때는 어마어마한 권력 투쟁의 역사로 바뀌었다. 교황은 카리스마와 권위, 나아가 거대한 부를 소유했고, 그 힘을 이용해 폭력 행사를 마다하지 않는 국왕과 귀족을 상대해왔다. 그 중에는 그레고리오 7세처럼 황제를 굴복시킨 교황도 있고, 나폴레옹에 의해 감금당하는 비극을 맞은 비오 7세 같은 교황도 있었다.

중세 시대의 로마 교황은 황제와 국왕 위에 있는 지배자였고, 유럽의 역사는 교황의 지배에서 벗어나기 위한 전쟁의 역사였다. 교황, 황제, 국왕이 서로 경쟁했으며 16세기에는 프로테스탄트가 교황에게 반기를 들었다. 과학이 진화하면서 국왕도 민중도 교황을 떠나갔다. 프랑스 혁명은 반가톨릭 운동이었고, 민주화와 근대화가 진행될수록 교황은 반근대의 상징이 되었다. 교황에게 거리를 두게 되면서, 정교분리를 택한 근대 국가가 형성되었다.

그 후 교황의 지위는 땅에 떨어졌다. 하지만 최근 교황의 중요성을 다시 주목하는 것은 여전히 교황이 가톨릭의 통합자이며, 유구한 역사를 짊어지고 왔기 때문일 것이다.

로마 교황보다 오랜 역사를 가졌던 로마 제국 황제나 고대 중국 황제는 옛날 옛적에 멸망했다. 교황과 격전을 벌였던 신성 로마 제국(독일) 황제와 프랑스 국왕의 모습도 이제는 찾아볼 수 없다. 거의 이천 년에 달하는 교황과 엇비슷한 역사를 가진 존재는 일본의 천황가 정도지만, 교황은 천황가와 달리 국제적 위상을 지니고 있다.

게다가 로마 교황 같은 구심력을 가진 종교적 존재는 이 세상에 오직 교황뿐이다. 세계에서 가장 많은 신도를 가진 이슬람교의 경우, 무슬림 전체를 통합하는 종교적 지도자가 존재하지 않는다. 마찬가지로 가톨릭의 대항마인 개신교에서도 프로테스탄트를 통합하는 지도자는 없다. 오직 로마 교황만이 가톨릭을 통솔하며 이천 년에 걸친 영향력을 행사해 왔다. 그래서 로마 교황의 역사를 알면 세계사를 쉽게 이해할 수 있다.

그러므로 이 책에서는 기독교, 특히 로마 교황의 역사에 초점을 맞추어 세계사를 탐구해 나가고자 한다.

나이토 히로후미

이탈리아와 바티칸

클뤼니 / 스위스 / 프랑스 / 아비뇽 / 토리노 / 밀라노 / 파비아 / 제노바 / 카노사 / 베로나 / 볼로냐 / 베네치아 / 오스트리아 / 헝가리 / 슬로베니아 / 크로아티아 / 세르비아 / 보스니아 헤르체고비나 / 라벤나 / 산마리노 / 피렌체 / 아시시 / 아드리드해 / 몬테네그로 / 알바니아 / 리구리아해 / 코르시카섬(프랑스령) / 로마 / 바티칸 시국 / 아나니 / 몬테카시노 / 살레르노 / 나폴리 / 사르데냐섬 / 이오니아해 / 티레니아해 / 팔레르모 / 지중해 / 시칠리아섬 / 알제리 / 튀니지

바티칸 시국 확대 지도

시스티나 성당 / 바티칸 궁전(교황궁) / 성 베드로 대성당(대성전) / 성 베드로 광장

바티칸 기본 자료

- 나라 이름: 바티칸 시국
- 설립: 1929년
- 인구: 615명(2018년 10월 기준)
- 면적: 0.44㎢
- 언어: 공용어는 라틴어, 외교어는 프랑스어. 일반 업무에서는 이탈리아어를 주로 쓴다.
- 국가 원수: 로마 교황
- 통화: 유로(€)

※일본 외무성 홈페이지를 기준으로 작성

약소했던 기독교가
어떻게 로마 제국의 국교가
될 수 있었는가

초대 교황 베드로의 순교
로마 교황이 가톨릭에서 특별한 존재인 이유

가톨릭의 총본산은 오랫동안 로마에 있었다. 시대에 따라 로마가 아닌 도시에 교황청이 있었던 적도 있지만, 그래도 로마는 기독교인에게 특히나 신성한 도시였다. 베드로가 순교한 땅이 바로 로마이기 때문이다.

베드로는 예수의 최초의 제자였으며, 예수를 따르는 제자 중에서도 각별한 존재였던 열두 제자, 12사도의 중심에 있었다. 그뿐 아니라 예수가 기독교를 맡긴 인물이기도 했다.

마태복음(마태오 복음서)에 따르면, 예수는 베드로에게 이렇게 말했다.

"너는 베드로다. 내가 이 반석 위에 나의 교회를 세울 것이다. 죽음의 권세도 이를 이기지 못하리라. 내가 너에게 천국의 열쇠를 주겠다. 무엇이든 네가 땅에서 매는 것은 하늘에서도 매일 것이며, 땅에서 푸는 것은 하늘에서도 풀릴 것이다."

베드로의 원래 이름은 시몬이었다. 시몬에게 예수가 새로이 준 이름 '베드로'는 '반석'을 의미한다. 예수는 반석인 베드로에게 기독교 교회를 맡기며 나의 양을 먹이라고 이야기했다. '양'이란 신도를 말한다. 예수의 죽음 이후 기독교를 이끌어 갈 수장으로 지명받아 베드로는 초대 로마 교황이 된 것이다.

베드로의 활동 지역은 주로 지중해 동쪽으로 알려졌지만, 사실은 로마 제국의 수도 로마까지 포함되어 있었다. 1세기 중반에도 이미 로마에는 기독교인이 존재했으며, 베드로는 로마에서 순교했다고 전해진다.

당시 로마에 큰 화재가 덮치자 시민들은 로마의 황제였던 네

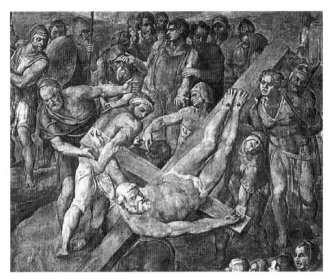

십자가에 거꾸로 매달린 베드로를 그린 미켈란젤로의 작품. 이 사건으로 인해 역 십자가를 '성 베드로의 십자가'라고 부르게 되었다
[*성 베드로의 순교(The Crucifixion of St. Peter, 1550)]

로에게 그 책임을 물었다. 그러자 네로는 비난의 시선을 자신에게서 돌리기 위해 기독교인을 화재의 범인으로 몰았다. 수많은 기독교인이 처형당했고 베드로는 십자가에 거꾸로 매달려 순교했다. 그 베드로의 유해가 묻힌 장소가 바티칸 언덕이라고 한다.

그 무렵, 마찬가지로 예수의 제자였던 사도 바울(바오로)도 로마에서 순교했다고 전해진다. 로마에서 순교한 베드로와 바울의 이야기는 기독교인에게 성스러운 전설이 되었고, 베드로와 바울이 순교한 로마는 신성한 땅으로 여기게 되었다. 이후, 기독교가 널리 퍼져나가면서 교회 가운데서도 로마 주교가 가장 위대하다는 인식이 생겨난다. 로마 주교가 '베드로의 후계자'로서 로마 내 기독교를 통솔하는 역할을 하기 때문이었다.

또 로마는 황제가 거주하는 정치 도시이기도 했다. 훗날 로마 주교는 로마 황제와 밀접한 관계가 되는데, 이들의 관계가 깊어질수록 로마 주교의 지위는 더욱 특별해졌다. 마침내 로마 주교는 '로마 교황'으로서 가톨릭의 수장으로 군림하게 된다.

바티칸의 의문 ①

로마 교황청이 바티칸에 있는 이유는?

현대에 와서는 로마 교황청을 '바티칸'이라는 이름으로 부르는 경우가 많다. 바티칸 외교, 바티칸 자금력이라는 말도 자주 들을 수 있는데, 이는 지금의 로마 교황청이 로마 시내의 바티칸 언덕에 있기 때문이다.

현재 바티칸의 중심에는 성 베드로 대성당이 자리하고 있다. 그 옆에 교황이 머무는 바티칸 궁전(교황궁)이 있으며, 이 두 건물 주위로 바티칸 시국이라는 독립 국가가 형성되어 있다.

로마 교황이 바티칸에 본거지를 둔 이유는 이 땅이 기독교의 성지였기 때문이다. 바티칸에는 초대 교황인 베드로를 비롯해 수많은 기독교 순교자가 잠들어 있다.

바티칸은 로마 시가지의 서북부에 위치해 있는데, 베드로를 비롯한 순교자들의 묘가 바티칸에 있는 까닭은 옛날 로마 제국 시대의 원형 경기장이 있던 곳이기 때문이라고 한다.

로마의 원형 경기장은 검투사들이 서로 죽이는 장소였다. 검투사들이 본 경기를 시작하기 전, 로마 사람들은 사형 집행이나 맹수와 인간이 겨루는 유혈이 낭자한 쇼를 보며 흥분했다. 기독교 박해가 처음 시작된 네로 황제 시대에 기독교인을 처형했던 장소가 바로 바티칸의 원형 경기장이었으며, 베드로가 순교한 장소도 이 경기장이었다고 한다.

따라서 바티칸 언덕에는 베드로를 비롯해 수많은 기독교 순교자들이 잠들어 있게 되었다. 기독교에서는 순교자를 성인으로 여겼기에 바티칸은 기독교의 성지가 되었다.

다만 바티칸이 교황의 본거지가 된 것은 중세 이후의 일이다. 그전까지는 로마의 첼리오 언덕에 있는 라테라노 궁전을 본거지로 삼고 있었다.

교세의 확장

3세기에 황제의 구심력이 약해진 제국에 기독교가 전파되다

기독교의 탄생은 1세기 전반으로 베드로의 순교는 64년의 일이다. 당시의 기독교는 오늘날처럼 세계적인 종교는 아니었다. 로마인에게 기독교는 일종의 컬트 종교에 지나지 않았고, 신자도 대부분 유대인 아니면 그리스인이었다. 베드로의 후계자인 로마 주교, 다시 말해 로마 교황조차도 힘없는 존재에 불과했다.

그러나 3세기에 기독교가 로마 제국에 전해지며 로마인들 사이에 기독교 신앙이 널리 퍼지게 되었다.

그 배경에는 로마 사회의 혼란이 자리하고 있다. 로마 제국을 통솔하는 것은 로마 황제. 로마는 원래 공화정이었지만, 로마 제국이 확장될수록 공화정은 삐걱거리기 시작했다. 로마에서는 기원전 1세기에 카이사르라는 카리스마를 가진 지도자가 등장 한 후, 황제의 카리스마적인 지배를 통해 안정적인 체제가 정립되었다. 로마 제국 황제는 군사 지휘관으로서 위업을 달성하고, 민중에게 '빵과 서커스', 다시 말해 먹을거리와 즐길 거리를 제공했다.

이렇게 민중의 마음을 사로잡은 역대 황제들은 카리스마를 발휘해 사람들을 이끌었다. 황제는 로마인에게 자신을 숭배할

것을 요구했다. 본래 다신교를 믿던 로마에서 로마 황제는 이미 '신'의 반열에 오른 것과 마찬가지였다. 한때는 동전에 황제의 초 상을 새길 정도였지만, 3세기가 되자 사람들을 한데 모으던 황 제의 구심력은 급격히 감소했다.

황제들의 동요는 180년, 오현제(*로마의 최전성기인 네르바-안토 니누스 왕조의 일곱 황제 중 다섯 명의 현명한 황제를 뜻한다) 중 마지 막 황제인 마르쿠스 아우렐리우스 안토니누스의 아들, 콤모두스 황제(*로마 제국 사상 최악의 황제로 평가받는 인물)가 즉위할 무렵부 터 시작되었다. 284년 디오클레티아누스 황제(*군인 황제 시대를 끝내고 사두 정치를 실시하며 전제 군주제의 기초를 세운 황제)가 즉위 하여 혼란을 일시적으로 수습할 때까지 약 100년 동안 로마에 는 28명이나 되는 황제가 등장한다. 로마 황제의 평균 재위 기간 은 4년도 채 미치지 못했으며, 황제는 이름뿐인 허수아비라고 해 도 좋을 정도였다.

로마 황제들이 단명한 이유는 국경 분쟁이 격화되었기 때문이 었다. 로마 제국은 정체기에 놓여 있었지만, 북방의 게르만족이 나 동방의 파르티아, 사산조 페르시아와 전쟁을 치를 수밖에 없 는 상황이었다. 심지어 발레리아누스 황제(재위 253~259년)처럼 사산조 페르시아군에 패배해 포로가 된 황제도 있었다.

국경 분쟁이 격화되며 막강한 로마군을 국경 부근에 배치하게 되자, 분쟁을 해결한 로마 군대의 장군들은 야심을 가진다. 그들은 황제의 자리를 호시탐탐 노리다 결국 로마 황제를 쓰러트리는 데 성공한다. 하지만 권력을 탈취한 새 황제도 다른 지역에 있던 로마 군대의 도전을 받아 그 자리에서 쫓겨나고 만다.

이렇게 해서 로마 황제의 단명 정권이 계속되며, 로마를 비우는 시기도 길어졌다. 3세기에는 전쟁에 급급한 로마 황제에게서 '신적인 구심력'은 점차 찾아볼 수 없게 되었다.

황제라는 이름의 '신'이 존재하지 않는 로마 제국에서 로마인의 마음에는 채워지지 않는 빈자리가 생겨났다. 그들은 구심력 있는 존재를 갈망했고 마침내 기독교를 통한 구원에 다다르게 되었던 것이다.

기독교에서는 신을 믿어야만 구원받을 수 있다고 말한다. '예수 그리스도Jesus Christ'의 '그리스도Christ'는 히브리어의 '메시아Messiah'를 그리스어로 옮긴 데서 유래했다. 메시아란 '기름 부음을 받은 자', 곧 신의 특별한 축복을 받은 자를 말하며, 예수는 신께서 보내신 구세주였다. 로마 사람들은 황제 대신 새로운 '신'을 발견한 것이다.

실제로 기독교는 세상을 구원하고자 했다. 그들은 가난한 자와 여인을 위로하고 병자를 돌보았으며 죽은 자를 극진히 애도했다. 3세기의 로마 사람들은 말라리아를 비롯한 전염병에 시달렸는데, 의료 기술을 갖추고 있던 기독교 교회는 병자들을 치료했다. 세상을 구하는 그들의 모습을 보며, 로마 사람들도 기독교인이 믿는 예수가 구세주라고 믿게 되었다. 신을 믿지 않으면 천벌을 받아 역병에 걸릴지 모른다는 두려움도 있었을 것이다.

원래 기독교는 세상 사람들이 받아들이기 쉬운 보편적 종교였다. 기독교와 유대교는 같은 뿌리를 가지고 있지만, 선민사상을 지닌 유대교는 배타적인 측면이 있었다. 그러나 예수는 민족성이 강한 유대교를 보편적이고도 새롭게 변화시켰다. 유대교는 원래 군건한 교학 체계를 가진 경전 종교였다. 유대교에서 비롯된 기독교도 이러한 장점을 그대로 가지고 있었기에 사람들을 설득하기 쉬웠다.

기독교 탄압

왜 로마 황제들은 기독교인에게 위해를 가했는가?

3~4세기 기독교가 로마 제국으로 퍼져나가던 무렵에 기독교는 자주 탄압의 대상이 되었다. 기독교를 탄압하던 막시미누스

트락스 황제(재위 235~238년), 발레리아누스 황제, 디오클레티아누스 황제 시대에는 순교자가 끊이지 않았다.

로마 황제가 기독교를 탄압한 것은 황제 숭배에 방해가 되었기 때문이다. 기독교는 유일신을 믿는 종교이며, 다른 종교의 신들을 신으로 인정하지 않는다. 다시 말해 기존에 로마인들이 믿던 신들도 인정하지 않았다. 이것이 로마 황제 숭배에 대한 거부로 이어지자, 이에 격분한 로마 황제는 기독교인에게 보복을 가한 것이다.

탄압의 원인 중에는 기독교인이 인육을 먹고 근친상간에 탐닉한다는 오해와 편견도 있었다. 확실히 기독교인들은 오해를 사기 쉬운 행동을 했다.

그들은 카타콤(지하 묘지)에서 종종 집회를 열었으며, 도굴도 서슴지 않았다. 그들이 묘지를 선호한 것은 기독교의 성인과 신도들의 유해가 매장되어 있기 때문이었다. 그들은 그 유해를 파헤쳐서 삶은 뒤 서로서로 나눠 가졌다. 순교자나 성인의 유해에 신성이 남아 있다고 믿었기 때문에 그런 행각을 벌였던 것이다.

기독교인의 이런 성유물 숭배는 현대에 이르러서도 계속된다. 예수의 시신을 감쌌던 세마포는 '성해포(*토리노의 수의라고도 하며 예수의 형상이 찍혀 있는 것으로 유명하다)'라며 추앙하고, 예수를 처형할 때 사용되었던 '성스러운 창(롱기누스의 창)'에도 신비한 힘이 깃들어 있다고 믿었다.

롱기누스(십자가에 매달려 죽은 예수의 옆구리를 창으로 찔렀던 병사의 이름)의 창을 손에 넣은 자는 세계를 지배할 수 있다는 전설까지 생길 정도였다. 이러한 기독교인의 성유물 숭배 때문에 로마인은 기독교인을 묘지에서 인육을 먹는 꺼림칙한 존재로 오해하게 된 것이다.

또 한편, 탄압당하던 기독교인 중 일부는 기뻐하며 순교했다. 베드로나 바울처럼 순교자가 될 수 있다는 사실을 기꺼워했던 것인데, 이 또한 로마인에게는 기괴하게 보였다.

로마 주교(로마 교황) 역시도 로마 황제의 박해를 피해갈 수 없었고, 몇몇 교황들은 순교자 신세가 되었다. 식스토 2세처럼 민중 앞에서 설교하던 도중 목이 떨어진 교황도 있다. 사르데냐섬으로 유배당한 폰시아노(*초대 군인 황제 막시미누스 트락스의 기독교 강경책으로 인해 로마에서 추방당한 교황)는 스스로 로마 주교 자리에서 물러나며, 새 로마 주교 안테로에게 뒷일을 맡겼다.

한편 로마 황제에게 굴복하여 배교한 로마 주교도 있었다. 디오클레티아누스 황제의 핍박을 받은 로마 주교 마르첼리노는 로마의 신들에게 향을 피우기도 했고, 그 때문에 폐위당했다는 이야기가 남아 있다(*마르첼리노의 배교는 일시적인 것으로, 우상에 향을 피워서 목숨을 구했지만 곧바로 이를 뉘우치고 기독교 신앙 고백을 하여 결국 처형당했다고 한다).

이렇듯 로마 황제의 기독교 박해는 로마 주교의 자리까지 뒤흔들었지만, 기독교는 쇠퇴하기는커녕 오히려 교세를 확장해 나갔다. 황제들의 박해는 일시적인 것이었고, 황제가 죽으면 박해도 끝났기 때문이다. 앞서 말했듯이 이 시대의 로마 황제들은 단명했다. 박해의 폭풍이 한차례 지나가고 나면, 기독교는 다시 로마 사회로 널리 널리 퍼져나갔다.

밀라노 칙령
콘스탄티누스 대제가 기독교에 호의를 보인 이유

로마 제국 시대에 마지막으로 기독교를 크게 박해한 사람은 284년 즉위한 디오클레티아누스 황제였다. 디오클레티아누스는 분열 직전에 놓인 로마 제국을 재건하고, 황제 독재 체제를 강화하려 한 황제였다. 그는 로마 제국을 재통합하기 위해 로마인에게 신들을 숭배하게 했다. 그는 로마의 신들을 향한 신앙을 중시하며, 자신을 제우스 신에 비견했다. 말하자면 로마 신앙의 국교화를 꾀한 것이다.

이때 걸림돌이 된 것이 기독교였다. 자신들의 유일신만 인정하는 기독교인은 로마의 정신적 통합에 방해가 되었기에, 디오클레티아누스의 박해 대상이 되고 말았다.

그러나 디오클레티아누스가 생각한 '로마 신앙의 부흥=로마 제국의 재건'은 애당초 무리였다. 기독교가 로마 제국 내에 널리 퍼졌던 4세기 전반에 로마의 신들은 이미 예전의 보편성을 상실한 상태였다. 사람들은 로마의 신들보다 기독교 쪽에 매력을 느꼈고, 디오클레티아누스 이후의 황제들은 그 사실을 깨닫는다.

그래서 로마 황제들은 기독교와 타협을 시작했다. 먼저 311년에 갈레리우스 황제가 '기독교 관용령'을 공표했다. 갈레리우스 황제는 기독교를 싫어했던 것 같지만, 로마 황제라 할지라도 시대의 흐름을 거스를 수는 없었다.

이어서 312년에 로마 교외의 밀비아(밀비우스) 다리에서 콘스탄티누스 대제의 군대와 막센티우스 황제의 군대 사이에 패권 다툼이 일어났다. 전쟁에 나서기 전에 막센티우스 황제는 과거에 몰수한 기독교인의 재산을 돌려주겠다고 선언한다.

반면 콘스탄티누스 대제의 군대는 기독교 깃발을 내걸고 싸웠다고 한다. 로마 황제들은 기독교에서 정신적인 보호를 받고 싶어 했으며 기독교인을 아군으로 끌어들이고자 했다. 그들 역시도 시대의 흐름에 저항하지 않고 순리에 따랐던 것이다.

밀비아 다리 전투는 콘스탄티누스 대제의 승리로 끝났다. 콘스탄티누스 대제가 승리를 향해 나아가고 있을 때, 그는 하늘에서 십자가를 보았다고 한다.

콘스탄티누스 대제는 여러 의미로 기독교와 가장 밀접한 관계였던 황제라고 할 수 있다. 313년에 '밀라노 칙령'을 공표한 인물도 콘스탄티누스 대제였다. 밀라노 칙령으로 제국 내 신앙의 자유가 인정되면서 기독교를 믿을 자유 또한 인정받게 되었다.

기독교에 호의적이었던 콘스탄티누스 대제는 생의 마지막에 결국 기독교인이 되었다. 그는 로마 교회를 지원했으며 로마 주교 멜키아데에게 첼리오 언덕에 있는 라테라노 궁전을 하사했다. 이후 라테라노 궁전은 오랫동안 로마 교황의 공저로 쓰였으며 교황청도 이곳에 자리하게 되었다.

콘스탄티누스 대제는 로마 주교 실베스테르 1세를 지원하고, 로마에 성 베드로 대성당과 콘스탄티누스의 바실리카Basilica Constantiniana를 세우게 했다. 콘스탄티누스의 바실리카가 훗날의 라테라노 대성당(산 조반니 인 라테라노 대성당)이며, 라테라노 궁전에 인접해 있다. 라테라노 대성당에서는 오랫동안 새 교황의 대관식이 치러져 왔다.

기독교를 보호하고 지원한 콘스탄티누스 대제는 기독교인의 눈에 '신께 쓰임 받는 메시아'로 비쳤다. 당시 가이사랴(카이사레아 마리티마, 현 팔레스타인) 주교였던 에우세비오는 콘스탄티누스 대제를 가리켜 '대왕이자 신의 대리인'이라며 칭송했다. 콘스탄티누스 대제를 향한 이 시각은 기독교 세계에 오래도록 남았고, 뒤에서 설명하겠지만 중세 로마 교황은 이를 교묘히 이용해 교황권을 강화했다(68페이지 참조).

바티칸의 의문 ②

로마 교황은 언제부터 바티칸을 거점으로 삼았는가?

오늘날 가톨릭의 중심은 교황청이 있는 바티칸이지만 과거에는 달랐다. 14세기까지만 해도 교황의 본거지는 첼리오 언덕에 있는 라테라노 궁전이었다.

라테라노 궁전은 로마 시가지의 남쪽에 위치하며 바티칸에서 4㎞ 정도 떨어져 있다. 기독교의 수호자였던 로마 황제 콘스탄티누스가 기독교 지원의 일환으로 이 궁전을 넘겨주면서, 교황은 라테라노 궁전에 거주하게 되었다.

라테라노 궁전 바로 옆에는 라테라노 대성당이 있다. 라테라노 대성당 역시 콘스탄티누스 대제의 지원을 받아 세워진 건물이다.

라테라노 궁전에서 바티칸으로 교황궁을 옮긴 이유는 중세 시대에 라테라노 궁전이 몹시 황폐해졌기 때문이다. 뒤에서 다루겠지만, 1305년 교황 클레멘스 5세 때 교황청은 프랑스의 아비뇽으로 이전하게 된다(161페이지 참조). 1377년 교황 그레고리오 11세가 로마로 돌아올 때까지 주인 없는 라테라노 궁전은 폐허가 되다시피 했다. 그 때문에 라테라노 궁전의 치안을 불안하게 여긴 교황은 바티칸으로 본거지를 옮기게 되었다.

하지만 그 후로도 라테라노는 여전히 권위의 상징이었다. 1870년 이탈리아 왕국이 로마를 점령하고 교황 비오 9세가 바티칸에서 두문불출할 때까지, 역대 교황들은 라테라노 대성당에서 대관식을 거행했다.

1929년 교황 비오 11세가 무솔리니와 정교 조약(Concordat, 콩코르다)을 맺은 장소도 라테라노였다. 그래서 이 조약을 '라테라노 조약'이라고 부른다. 라테라노 조약에 의해 라테라노 대성당에 대한 교황의 특권을 인정받게 되었다.

라테라노 궁전뿐 아니라 퀴리날레 궁전도 로마 교황의 소유였다. 이곳에 궁전을 세운 인물은 16세기 후반의 교황 그레고리오 13세였다. 퀴리날레 궁전은 바람이 잘 통하는 퀴리날레 언덕에 위치한 여름

용 별궁이었다. 당시 로마는 습도가 높고 몹시 무더운 편이었기에, 교황은 여름이 되면 퀴리날레 궁전으로 거처를 옮겼다.

퀴리날레 궁전은 19세기 통일 이탈리아 왕국이 탄생한 뒤 왕궁이 되었다. 현재는 대통령 관저로 사용되고 있다.

니케아 공의회
황제가 제1차 공의회를 주최하다

밀라노 칙령을 공표한 콘스탄티누스 대제가 얼마나 기독교에 호의적이었는지는 325년 니케아 공의회를 통해 알 수 있다. 기독교 역사에서는 여러 차례 공의회(종교 회의)가 개최되었고, 주교들이 모여 역사적인 결정을 내렸다. 니케아 공의회가 바로 그 시작이었다.

가톨릭 제8차 공의회부터는 로마 교황이 공의회를 주최하게 되었지만, 그 전에는 달랐다. 제1회 공의회를 주최한 것은 로마 주교가 아니라 콘스탄티누스 대제였다. 그는 기독교 내부의 분쟁을 직접 나서서 처리했다. 그 후로도 수백 년 동안 동로마 황제를 비롯한 역대 로마 황제들이 공의회를 개최했다는 사실로 보아 알 수 있듯이, 로마 주교에게는 아직 기독교 세계를 다스릴 만한 힘이 없었다. 실제로 기독교 세계를 지배한 것은 로마 황제였다.

니케아 공의회의 가장 큰 주제는 '아리우스파'였다. 기독교에서는 신과 신의 아들인 예수를 어떻게 해석해야 할지를 놓고, 일찍이 의견이 갈려 내부 대립이 있었다. '아타나시우스파'는 신과 신의 아들인 예수의 본질이 같다고 여겼으므로, 성부(聖父) 하나님, 성자(聖子) 예수 그리스도, 성령(聖靈)이 하나라고 믿는 '삼위일체설'을 주장했다. 반면 아리우스파는 그리스도가 신에 의해 창조된 인간이며, 신성을 띠지 않는다고 주장했다. 아타나시우스파와 아리우스파의 대립을 주제로 니케아 공의회에서 논의한 결과, 아타나시우스파를 정통으로 인정한다는 결론이 났다.

패배한 아리우스파는 이단이 되었고, 로마 제국 내에서 있을 곳을 잃고 말았다. 그러자 아리우스파는 로마를 떠나 게르만족 사회에서 전도를 시작한다. 그래서 당시의 게르만족 기독교인은 대부분 이단인 아리우스파였다. 4세기 후반에 시작된 게르만 민족의 대이동에서 게르만족이 미움받았던 이유도 그들이 이단이었기 때문이다.

한편 아리우스파는 이단으로 낙인찍혔지만, 콘스탄티누스 대제가 죽음을 앞두고 아리우스파의 세례를 받았다는 이야기도 있다. 콘스탄티누스 대제가 여전히 로마의 신들을 향한 미련도 버리지 못했다는 것을 보면, 그 시대는 그다지 신앙에 대해 엄격하지 않은 시대였다고 볼 수도 있겠다.

교황 실베스테르 1세의 허영
로마 황제의 '밑'이 되는 것을 거부하며 공의회에 결석하다

콘스탄티누스 대제가 니케아 공의회를 주최했을 때 로마 주교 실베스테르 1세는 출석하지 않았다. 그저 대리 특사를 보내는 데 그쳤을 뿐이다.

실베스테르 1세가 공의회에 출석하지 않았던 까닭은 콘스탄티누스 대제가 회의의 주역이 되는 것이 싫어서였다. 만일 그가 출석한다면 로마 주교가 로마 황제의 아랫자리에 앉게 되어, 기독교 세계를 지배하는 자는 로마 황제라고 인정하는 셈이 된다.

확실히 콘스탄티누스 대제는 기독교에 있어서 고마운 로마 황제였다. 실베스테르 1세도 콘스탄티누스 대제의 지원을 받긴 했

지만, 그는 베드로의 후계자인 로마 주교가 세속 황제보다 아래라고 여겨지는 것을 용납할 수 없었다.

하지만 그 시대의 로마 주교에게 공의회를 주최할 힘은 없었다. 공의회를 주최할 수 있는 것은 압도적인 권력을 가진 로마 제국 황제뿐이었다. 로마 황제가 기독교에 개입하는 것을 그저 지켜봐야 했던 로마 주교는 질투심을 느낄 수밖에 없었다.

유럽의 중세는 로마 주교(교황)와 신성 로마 제국 황제가 상호 의존하며 대립하는 시대였다. 로마 주교도 로마 제국의 후예인 신성 로마 제국 황제도 서로 자신이 우위에 서려고 암투를 벌이지만, 사실 주교와 황제의 암투는 4세기 전반부터 이미 시작되어 있었다.

콘스탄티노플 천도

동쪽으로 수도를 옮기며 로마 교회에 강력한 맞수가 등장하다

기독교의 수호자였던 로마 황제 콘스탄티누스는 일대 천도를 행한다. 324년부터 비잔티움에서 신도 건설에 착수해, 330년에는 로마를 버리고 비잔티움을 제국의 새로운 수도로 결정한 것

이다. 비잔티움은 콘스탄티노플(콘스탄티노폴리스, 현재의 이스탄불)로 이름을 바꾸었다.

콘스탄티노플로 천도한 한 가지 이유는 로마 제국의 중심이 동쪽으로 이동했기 때문이었다. 로마 제국은 동방의 사산조 페르시아(*226~651년, 사산 왕조가 지배했던 시기의 페르시아 제국으로 조로아스터교를 믿었다)와 대치해야 했고, 콘스탄티노플은 동방 방위의 거점이 되었다.

그리고 또 하나, 새로운 기독교 세계를 확립하고자 하는 목적도 있었다. 이제까지 수도였던 로마는 이미 로마의 신들이 차지하고 있었다. 로마 신들을 믿는 사람들도 여전히 많았다. 로마에서는 기독교와 로마 신들이 뒤섞여 살아갈 수밖에 없었기에 순수한 신앙을 지키기 힘들었다. 그래서 콘스탄티누스 대제는 로마의 신들과 인연이 먼 땅에 수도를 옮기고, 콘스탄티노플을 기독교 세계의 수도로 삼고자 했다.

로마의 콘스탄티누스 대제. 기독교가 널리 퍼지는데 크게 공헌했다.

이는 로마 기독교 교회에 큰 충격을 선사했다. 확실히

콘스탄티누스 대제는 로마 교회에 줄곧 호의적이었으며 멸시하는 일도 없었지만, 이로 인해 콘스탄티노플 교회가 로마 교회의 강력한 적수가 되었기 때문이다.

그런 가운데, 일찍이 로마의 수위성을 주장한 것이 로마 주교 다마소 1세였다.

다마소 1세는 베드로의 후계자인 로마 주교야말로 모든 교회의 수위(首位), 즉 으뜸이라고 강력히 주장했다.

그전까지는 로마 주교가 모든 교회의 으뜸이라고 자부할지언정, 분명히 말로 명시하지는 않았다. 그러나 콘스탄티노플이라는 경쟁자가 부상하면서 명확하게 주장할 필요가 생겼다.

실제로 로마 교회와 콘스탄티노플 교회는 견해 차이로 인해 금세 과격하게 대립하게 되었다. 로마 교회가 가톨릭의 총본산이 된 것처럼, 콘스탄티노플 교회는 동방 정교회를 총괄하게 된다.

라틴어 성경 번역

로마 제국에 기독교를 뿌리내리게 한 언어 전략

로마 제국에 기독교가 널리 정착할 수 있었던 이유 중 하나는 성경을 라틴어로 번역하는 데 성공했기 때문이었다. 로마 주교 다마소 1세는 비서인 예로니모에게 라틴어 번역 성경을 완성하게 했다. 다마소 1세 이전에도 라틴어 번역은 이미 시작된 상태였지만, 예로니모에 의해 비로소 완성되었다.

라틴어 성경 번역은 기독교를 로마 제국에 전파하여 세계적 종교로 성장시키는 데 꼭 필요한 과정이었다. 그때까지 성경은 지역 언어나 오래된 언어로 쓰여 있었기 때문이다.

유대교의 성경인 '구약 성경'은 히브리어와 아람어로 쓰여 있었으며, 그리스어 판본도 있었다고 한다. 히브리어는 유대인(과거에는 히브리인이라고 불렸다)이 사용하던 언어였고, 아람어는 고대 메소포타미아 쪽의 언어였다. 예수의 등장 이후를 기록한 '신약 성경'은 그리스어로 쓰였으며 일부는 아람어였다고 한다.

반면 로마 제국의 공통 언어는 라틴어였다. 라틴어를 읽고 쓸 줄 아는 교양 있는 로마인도 그리스어, 히브리어, 아람어는 전혀 알지 못했다. 물론 일반 대중들은 문자조차 읽지 못했지만, 성경을 가르치는 자들이 성경을 읽지 못해서는 말이 안 되었다. 그래서 기독교는 성경을 라틴어로 번역하여 말씀을 널리 전하고 로마인들에게 지지를 얻었다.

국교화

기독교가 국가의 핵심이 되며 로마 신들에 대한 신앙이 금지되다

313년 밀라노 칙령에 의해 기독교가 로마 제국 내에서 공인된 뒤, 약 80년 만에 기독교는 로마 제국 제일의 지위를 거머쥐었다. 392년 로마 황제 테오도시우스(*기독교를 국교로 삼고 제국 통일을 이루었으나, 두 아들에게 제국을 나누어 주어 로마가 동서로 갈라지게 되는 원인을 제공한 황제)가 기독교를 로마의 국교로 삼은 것이다.

그 대신 이제까지 숭배해 왔던 로마의 신을 믿는 것은 금지되고 우상은 버려졌다. 일부 기독교인들은 적극적으로 로마 신들의 우상을 파괴하기도 했다. 박해당하는 쪽에서 박해하는 쪽으로 바뀐 것이다.

테오도시우스 1세가 기독교를 국교로 삼은 이유는 기독교가 국가 통일의 기둥이 되었으면 하는 기대 때문이었다. 기독교를 박해한 디오클레티아누스 황제는 로마 신들에 대한 숭배를 강화하여 제국을 통일시키고자 했다. 하지만 디오클레티아누스의 시도가 실패로 끝난 이후, 한 국가를 통일할 힘을 가진 것은 기독교밖에 남아 있지 않았다.

마침 기독교 쪽에서도 국교화의 필요성을 느끼고 있었다. '배교자'였던 율리아누스 황제(*콘스탄티누스 대제의 조카이며, 황제로 즉위한 뒤 이교로 개종하고 기독교를 공격했다)가 이미 등장한 뒤였기 때문이다. 처음에 율리아누스 황제는 기독교를 믿는 척을 했지만, 360년에 즉위하자 본색을 드러냈다. 당대 굴지의 지성인이었던 율리아누스는 기독교를 불신하고 있었기에, 즉위한 후에는 기독교를 버리고 고대 신들을 숭배하기 시작했다.

기독교를 공인한 '밀라노 칙령'은 정확히 말하면 신앙의 자유를 보장하는 내용이었다.

율리아누스 황제는 밀라노 칙령을 역으로 이용해, 기독교를 특별하지 않은 일개 종교로 취급하며 로마인에게 이성으로의 회귀를 촉구했다.

율리아누스 황제의 치세가 길어졌다면 로마인은 기독교에 회의감을 품었을지도 모른다. 하지만 율리아누스는 사산조 페르시아와의 전쟁에서 입은 부상이 원인이 되어 사망한다. 두려운 적이 될 뻔했던 율리아누스의 때 이른 죽음은 기독교인에게 있어서 뜻밖의 행운이었다. 그들은 '제2의 율리아누스 황제'가 나타나지 않도록, 기독교 이외의 종교를 인정하지 않는 방향으로 움직였다.

넓은 관점에서 보면, 기독교의 국교화는 고대 국가가 붕괴하며 구심력이 높고 보편적인 종교가 중세 국가의 핵이 되어가는 세계적 흐름의 하나라고 할 수 있다. 고대 국가를 지탱한 것은 황제와 왕의 압도적인 카리스마였지만, 고대 국가가 붕괴하자 황제와 왕은 과거의 특별함을 잃었고, 그 대신 보편성을 띤 종교가 사람들을 끌어모으게 되었다.

당시 로마 제국의 경쟁자였던 사산조 페르시아는 이미 조로아스터교를 국교로 삼은 상태였다. 로마 황제들도 경쟁국의 강력한 종교 체제에 이끌렸다. 그 후, 중동에서는 정교일치 경향이 강한 이슬람 국가도 대두한다. 중국에서는 선비족의 북위(*北魏, 중국 남북조 시대의 북조 최초의 나라)가 불교를 국교로 삼고, 이는 당나라와 일본, 한반도로도 이어졌다. 이러한 큰 흐름 속에서 로마 제국 또한 기독교가 국가의 핵심이 되었다고 볼 수 있을 듯하다.

그러나 테오도시우스 1세에게 가장 영향을 끼쳤던 것은 로마 주교가 아니었다. 밀라노 주교인 암브로시오 쪽이 압도적인 영향력을 가지고 있었다. 테오도시우스 1세가 데살로니가(테살로니키)에서 학살을 일으켰을 때, 암브로시오는 황제를 비난하고 파문하려 했다. 테오도시우스 1세는 암브로시오에게 고분고분 따를 수밖에 없었다. 로마 주교가 아직 절대적인 존재가 아니었다는 증거인 셈이다.

로마 제국의 와해

몰락한 서로마 황제를 대신해 교황이 로마의 수호자가 되다

4세기 후반은 기독교의 절정기이자 위기가 시작된 시대였다. 392년 테오도시우스 황제 시대에 기독교가 로마의 국교가 되면서 기독교 체제가 확립된 것처럼 보였지만, 가장 중요한 로마 제국이 와해되어가기 시작한 것이다.

4세기에는 디오클레티아누스 황제, 콘스탄티누스 대제, 율리아누스 황제 등 강한 힘을 가진 황제 덕분에 로마 제국의 해체에 일시적으로 제동이 걸렸다. 그러나 황제가 무력하면 해체는 한층 빨리 진전되는 법이다. 더구나 게르만족이 로마 제국을 향해 본격적인 침공을 시작하고, 발렌스 황제가 아드리아노플(현재 터키의 에디르네) 전쟁에서 고트족 군단에 패하여 사망하는 사태까지 일어났다. 테오도시우스 황제가 사망한 뒤, 로마 제국은 동서로 분열되고 만다.

위기에 직면한 것은 서로마 제국과 로마 교회였다. 동로마 제국은 게르만족의 침공을 어느 정도 막아낼 수 있었지만, 5세기의 서로마 제국은 무력했다. 테오도시우스 황제의 차남인 호노리오 황제는 로마를 포기하고 수도를 라벤나로 옮겼다.

그런 가운데, 알라리크(*서고트의 초대 왕)가 이끄는 서고트족 군대가 이탈리아반도에 침입해 로마를 포위한다. 이런 상황에서 호노리오 황제는 방관자나 다름없었기에, 로마를 위기로부터 구할 사람은 로마 교황(로마 주교지만 이후 편의를 위해 교황으로 통일)인노첸시오 1세뿐이었다. 하지만 인노첸시오 1세가 할 수 있는 일은 라벤나에 있는 호노리오 황제와 화평 교섭을 하는 정도였다. 410년에 드디어 로마는 함락되고 서고트족의 약탈이 시작되었다.

로마의 수난은 여기서 끝나지 않았다. 이번에는 아틸라(*훈족의 왕으로 카스피해부터 라인강에 이르는 대제국을 건설하였다)가 이끄는 훈족이 이탈리아반도로 우르르 몰려들었기 때문이다. 게르만 민족의 대이동을 일으킨 훈족은 아시아계 민족이라는 설도 있다. 용감한 게르만 전사들도 훈족의 전투 능력 앞에 걷잡을 수 없는 혼란에 빠져 서쪽으로 도망쳤고, 아틸라는 '신의 채찍'이라고 불리며 두려움의 대상이 되었다. 훈족은 갈리아(지금의 프랑스)를 침공한 뒤, 그 창끝을 이탈리아로 돌렸다. 서로마의 발렌티아누스는 무력한 황제였고, 이 위기에서 일어선 사람은 교황 레오 1세였다.

452년 레오 1세는 만토바까지 가서 아틸라를 만난다. 이 회견 후, 아틸라는 이탈리아 침공을 중지하고, 그의 본거지인 도나우 강 중류 지역의 판노니아Pannonia로 귀환했다.

아틸라가 이탈리아를 짓밟지 않은 것은 레오 1세의 설득도 있었지만, 당시 이탈리아에 흉작이 들어서일 것이다. 약탈할 수 있는 식량이 없기에 아틸라는 이탈리아를 포기한 것이다. 어쨌든 결과적으로 아틸라를 물리친 레오 1세는 서로마 황제를 대신해 로마의 수호자가 되었다.

그로부터 3년 후, 또다시 로마에 위기가 닥친다. 가이세리크(*게르만족의 일파인 반달족의 왕으로 북아프리카에 반달 왕국을 세웠다)가 이끄는 반달족이 이탈리아로 쳐들어온 것이다. 반달족이 로마를 포위하며 다시금 위기를 맞은 가운데, 레오 1세는 성벽 바깥으로 나와 가이세리크를 만난다. 이 회견에서 레오 1세는 반달족의 로마 약탈을 용인하지만, 시민을 학살하지 않을 것, 고문을 하지 않을 것, 로마 시가지에 불을 지르지 않을 것을 가이세리크에게 약속받았다. 그 후 반달족은 로마 약탈에 나서지만 레오 1세와의 약속은 지켰다. 레오 1세가 로마인의 생명을 지켜낸 것이다.

서로마 제국이 나날이 약해지며 서로마 황제를 의지할 수 없게 된 상황에서, 로마 교황은 로마인의 마지막 요새가 되었다.

아리우스파 테오도리크 대왕

서로마 제국이 멸망한 뒤 이탈리아를 지배한 이단의 왕

476년 쇠퇴해가던 서로마 제국은 맥없이 무너졌다. 게르만족의 용병 대장 오도아케르(*이탈리아의 초대 왕)가 쿠데타를 일으켜 황제 로물루스 아우구스투스를 추방해버렸기 때문이다.

오도아케르는 새 황제를 자처하고 이탈리아 통치에 나선다. 오도아케르는 로마 교회에도 간섭하려 했지만, 테오도리크 대왕(*동고트 왕국의 초대 국왕)이 이끄는 동고트족이 이탈리아로 침공해 오면서 그의 짧은 천하는 끝을 맞이하게 된다.

이 시기에 동고트는 동로마 제국의 동맹국이 되었다. 동로마 제국은 테오도리크에게 오도아케르를 몰아내 달라고 요청했고, 이에 응한 테오도리크는 이탈리아를 침공하여 493년에 오도아케르를 쓰러트렸다.

이렇게 약 반세기 동안 이탈리아는 동고트 왕국의 지배하에 들어가게 된다. 로마 교회도 마찬가지로 국왕 테오도리크의 감시하에 놓인다. 테오도리크는 '대왕'이라는 칭호가 붙었을 만큼 강력한 군주였지만, 직접 나서서 로마 교회의 보호자가 되려 하지는 않았다.

왜냐하면 그는 이단 취급을 당하던 아리우스파의 열혈 신자였기 때문이다. 더구나 테오도리크는 동로마 제국과 동맹 관계에 있었기 때문에, 동로마 황제의 권위를 빌려서 이탈리아를 통치했다. 훗날의 신성 로마 제국 황제처럼 로마 교황의 권위를 빌려서 국가를 통치하려는 마음은 전혀 없었다. 테오도리크는 로마 교회가 아무런 가치도 없다고 생각했지만, 그래도 이탈리아의 최고 권력자로서 로마 교회에 강한 영향력을 발휘했다.

테오도리크는 교황 젤라시오 1세나 펠릭스 4세와 원만한 관계를 유지했으며, 교회에 참견하는 일도 없었다. 그러나 교황과 대립 교황의 싸움에 휘말릴 때면 중재역을 맡기도 했다. 과거 기독교 역사에서 교황과 대립 교황은 몇 차례나 분쟁을 일으켰고, 유혈 사태가 빈번히 일어나며 사상자도 자주 발생했다. 아리우스파인 테오도리크 대왕은 이 모든 일을 해결해야만 했다.

테오도리크가 엄격하게 처단했던 교황은 요한 1세였다. 당시 동로마 제국에서는 황제 유스티누스 1세가 아리우스파 신자들을 박해하고 있었다. 그러자 아리우스파인 테오도리크는 교황 요한 1세를 콘스탄티노플에 파견해서 아리우스파 박해를 멈추게 했다.

요한 1세는 콘스탄티노플을 방문한 첫 로마 교황이었다. 그는 콘스탄티노플에서 대환영을 받았지만, 테오도리크의 희망을 이루어주지는 못했다. 분노한 테오도리크는 귀로에 오른 요한 1세를 붙잡아 감옥에 가두었고, 요한 1세는 라벤나의 감옥에서 사망한다.

그렇게 서로마 제국이 스러지며 교황은 게르만족 왕의 손에 죽음을 맞이하고 말았다.

유스티니아누스 1세의 간섭
동로마 제국이 세력을 회복하며 로마 교황을 지배하다

6세기 전반에 로마 교황은 이탈리아를 지배하던 동고트 왕국에 얼마간 의존해 왔지만, 그 관계는 6세기 중반에 종지부를 찍었다. 동고트 왕국을 무너뜨리고 새롭게 이탈리아의 정복자가 된 것이 바로 동로마 제국(비잔틴 제국)이다.

이탈리아를 정복한 인물은 동로마 황제 유스티누스 1세의 조카이자 양자인 유스티니아누스 1세였다. 유스티니아누스 1세 시대에 가까스로 회생한 동로마 제국은 게르만족에게 빼앗겼던 서로마 제국의 판도를 되찾으러 나선다. '로마 제국의 회복'을 꿈꾸던 유스티니아누스는 약 20년에 걸친 전쟁 끝에 동고트 왕국에 승리한다. 과거에 로마를 약탈했던 반달족도 동로마 제국에 의해 멸망한다.

이탈리아를 지배하게 된 동로마 제국은 로마 교회에게 종속할 것을 강요했다. 교황 자리도 동로마 제국이 원하는 대로 갈아치웠다. 536년 로마 교회가 실베리오를 교황으로 세웠을 때의 일이다. 로마 교회의 부제(*副祭, 사제 다음 자리) 비질리오는 유스티니아누스 1세의 황비 테오도라와 밀약을 맺고, 교황이 되기 위한 지원을 받는다. 그리고 교황 실베리오는 동로마 제국군의 사령관 벨리사리우스에 의해 교황 자리에서 쫓겨나, 비질리오 일파의 고문으로 목숨을 잃었다.

그러나 새롭게 교황이 된 비질리오에게도 고난이 기다리고 있었다. 신학상의 문제로 황제 유스티니아누스 1세에 의해 콘스탄

티노플까지 연행되어 황제의 명령에 따라야 했고, 결국 피폐해
진 비질리오는 로마로 돌아오는 길에 사망했다.

동로마 제국이 로마 교회에 압도적인 영향력을 발휘하던 시대
에 새 로마 교황은 동로마 황제의 승인을 얻어야만 했다. 지상의
강대한 권력자 앞에 로마 교황은 굴복할 수밖에 없었던 것이다.

6세기의 종교 세계

랑고바르드족의 침입

로마 교회를 괴롭힌 두 개의 족쇄

동로마 황제 유스티니아누스 1세에 의한 '로마 제국 회복 사업'은 그의 치세에서 끝난다. 서방 세계의 정복과 경영 사업은 크나큰 지출을 초래했고, 동로마 제국의 재정은 삐걱거렸다. 알보이노Alboino(*이탈리아를 정복하고 랑고바르드 왕국을 세운 전설적인 왕)가 이끄는 랑고바르드족(롬바르드족)은 유스티니아누스 1세가 사망한 틈을 타 다시 이탈리아반도를 침공했다. 랑고바르드족 역시 게르만족의 일파였으며, 568년 북이탈리아의 파비아를 수도로 삼아 랑고바르드 왕국을 건국했다.

랑고바르드 왕국은 이탈리아 전체를 정복하지는 못했지만, 동로마 제국의 세력을 궁지로 몰아넣었고, 교황과 로마는 심각한 위기에 처했다.

왜냐하면 568년부터 774년까지 약 2세기 동안, 랑고바르드 왕국이 이탈리아에 머물렀기 때문이다. 로마 교회의 보호자였던 동로마 제국은 사산조 페르시아와 싸워야 했고, 그 후 사산조를 멸망시킨 이슬람 세력을 상대하는 것도 버거웠다.

동쪽에서 밀려나기 시작한 동로마 제국은 이탈리아를 신경 쓸 겨를이 없었다. 동로마 제국의 이탈리아 영지는 라벤나에 조금 남은 정도였고, 로마는 고립된 채 랑고바르드 왕국과 대치할 수밖에 없었다.

랑고바르드족 또한 동고트 왕국과 마찬가지로 이단인 아리우스파를 믿었다. 그들은 신앙심 자체도 그리 깊지 않은 데다, 로마 교황을 향한 존경심도 별로 없었다. 그런 상황에서 로마 교황은 로마를 지켜내야만 했다.

6세기 후반부터 8세기 후반까지 랑고바르드족이 이탈리아반도에 머물던 시기에 로마 교회를 괴롭힌 족쇄는 두 가지였다. 하나는 랑고바르드족의 무력, 다른 하나는 동로마 황제였다. 확실히 동로마 황제는 교황의 보호자이기도 했지만, 한편으로 교황을 속박하기도 했다. 교황이 되려면 동로마 황제의 승인이 필요했기 때문이다. 그러면서도 동로마 황제는 랑고바르드 왕국의 공격에서 로마를 지킬 힘이 부족했고, 수호자로서 책임을 다하지 못했다. 거기다 신학적 견해 차이로 로마 교황이 동로마 황제와 대립하던 시기도 있었으므로 로마 교황은 고립되어 있었다.

이 시기에 교황은 랑고바르드 왕국의 공격에 대화와 교섭으로 응할 수밖에 없었다. 일찍이 교황 레오 1세가 훈족과 반달족을 향해 그랬듯이 말이다. 대교황이라는 칭호를 얻었던 그레고리오 1세는 로마를 지킬 용병을 모집하는 한편, 랑고바르드 왕국과 교섭하여 로마 약탈을 멈추는 대가로 돈을 지불했다. 교황 그레고리오 2세도 랑고바르드 왕국의 야영지까지 나가 로마 약탈을 멈추도록 했고, 이때 랑고바르드 왕 리우트프란드는 그레고리오 2세 앞에 복종을 맹세했다.

리우트프란드 왕이 그레고리오 2세에게 복종을 맹세한 장소는 베드로의 묘 앞이었다고 한다. 리우트프란드 왕은 베드로의 숭배자였다. 기독교에서 베드로의 존재가 위대한 만큼, 베드로의 후계자인 로마 교황도 지극히 높은 존재로 추앙받았다는 사실을 알 수 있다.

베네딕토파의 활약

이단인 아리우스파 게르만족을 가톨릭으로 개종시키다

로마 교황 그레고리오 1세가 랑고바르드 왕과 교섭을 벌였던 6세기 후반에 로마 교황은 서유럽 전체로 시선을 돌렸다. 당시 서유럽에 있던 게르만족 국가는 대부분 이단인 아리우스파였기 때문에, 교황은 아리우스파인 게르만족을 차례차례 로마 가톨릭으로 개종시켜 나갔다.

그레고리오 1세의 전임 교황이었던 펠라지오 2세는 이베리아 반도에 있던 서고트족을 개종시켰다. 이어서 그레고리오 1세는 잉글랜드의 앵글로색슨족을 시작으로 로마의 위협이 되는 랑고바르드족들을 기독교로 개종시켰다.

교황 그레고리오 1세가 주도하는 게르만족 개종 운동의 최전선에 있던 것은 베네딕토파의 수도사들이었다. 훗날 '서방 수도자의 아버지'라고 불리게 되는 베네딕토는 6세기 전반에 베네딕토파를 창시했다.

베네딕토는 가톨릭 수도제의 기초를 세우고 사람들을 전도한 인물이다. 그는 이탈리아의 몬테카시노에 수도원을 설립하고, 금욕적인 수도 생활을 하고 있었다. '기도하고 일하라'라는 엄격한 베네딕토의 계율은 수도원의 모범이 되었고, 훗날 클뤼니 수도원에 의한 교회 개혁(99페이지 참조)에도 큰 영향을 미쳤다.

베네딕토파의 수도사들은 변방 선교를 마다하지 않는 일종의 전사이기도 했다. 그들이 게르만족과 화합하자 아리우스파에서 개종하는 게르만족도 늘어났다.

교황 그레고리오 1세가 서유럽에서 개종과 선교에 주력한 이유는 정통 가톨릭 권역을 확대하고 기독교를 강화하기 위해서였

기독교로 읽는 세계사 - 바티칸은 어떻게 역사에 군림했는가

다. 이렇게 된 계기가 하나 있다. 사실은 이미 1세기 전인 493년에 프랑크 왕국의 초대 국왕 클로비스가 갑작스럽게 가톨릭을 믿게 되었던 것이다.

그전까지 프랑크족은 게르만의 신들을 믿어 왔다. 많은 게르만족 부족들이 아리우스파를 믿은 것과 달리 프랑크족은 오랫동안 기독교에 관심을 가지지 않았다. 그런데 클로비스는 아리우스파를 거치지 않고 곧바로 로마 가톨릭을 믿게 되었다.

클로비스가 어째서 갑자기 가톨릭으로 개종했는지는 확실치 않지만, 교황은 이를 게르만족을 가톨릭으로 만든 하나의 성공 예시로 보았다. 그때부터 아리우스파인 게르만족도 개종시킬 수 있다고 생각하게 된 것이다. 한편으로는 개종한 게르만족이 가톨릭의 새로운 수호자가 되지 않을까 하는 기대도 있었던 듯하다. 다만 그 기대는 좀처럼 실현되지 못한 채, 8세기 후반 프랑크 왕국의 피핀이 등장할 때까지 오랫동안 기다리게 된다.

이슬람의 침공

이교도 전쟁의 승리는 무엇을 가져왔는가

8세기 전반, 유럽의 기독교 세계는 뒤집힐 위기에 놓였다. 7세기에 급부상한 이슬람 세력이 진격해온 것이다. 그들은 가는 곳마다 정복하며 세력을 확장해 나갔기 때문에 기독교를 믿는 지역이 언제 이슬람화되어도 이상하지 않았다.

이슬람 세력은 북아프리카를 석권한 후 이베리아반도로 건너가, 711년 서고트 왕국을 멸망시킨다. 그들은 피레네산맥을 넘어 갈리아(지금의 프랑스)의 평원에 들이닥쳤다. 이들을 맞아 싸운 것은 프랑크 왕국의 궁재(*宮宰, 중세 서유럽의 최고 궁정직) 샤를 마르텔(카롤루스 마르텔루스)이었다. 732년 투르-푸아티에 전투에서 샤를은 이슬람 세력을 겨우 물리친다.

한편 이슬람 세력은 동로마 제국을 향한 공격을 시작해 674년부터 677년까지 콘스탄티노플 포위전을 전개했다. 이때 실패를 맛본 이슬람 세력은 717년부터 재차 콘스탄티노플 포위전에 나선다. 이때 콘스탄티노플을 지켰던 사람이 동로마 황제 레온 3세였다.

레온 3세가 이끄는 군대에 의해 이슬람 세력은 또다시 철퇴를 맞게 되어, 이후 오스만 제국(1299~1922년)이 대두할 때까지 콘스탄티노플이 이슬람 세력의 위협을 받는 일은 없었다.

투르-푸아티에 전투도 콘스탄티노플 포위전도 로마 가톨릭과 직접적인 관련은 없다. 그래도 유럽의 동서에서 일어난 두 전쟁이 이슬람 세력을 막아내며 유럽의 기독교 세계는 지켜졌다. 두 전쟁이 유럽의 기독교 국가 성립에 큰 영향을 미친 것이다.

갑작스러운 성상 파괴령

로마 교회가 동로마 제국에서 벗어나기로 결심한 계기가 되다

콘스탄티노플에서 이슬람 세력을 몰아낸 동로마 황제 레온 3세는 중대한 결정을 내렸다. 726년 성상 파괴령을 공표한 것이다.

성상 파괴령이란 그리스도나 성자의 성상(Ikon, 이콘), 다시 말해 성화나 조각상을 파괴하라는 명령을 말한다. 성상 파괴 운동은 영어로는 '아이코너클래즘Iconoclasm'이라고 하며, 동로마 제국은 성상 파괴 운동을 강행했다.

레온 3세가 성상 파괴령을 내린 이유에 대한 정설은 없다. 다만 이슬람 세력에 대항하기 위해서라는 설이 가장 유력하다. 원

래 기독교에서는 우상 숭배를 금지했지만, 성상은 이교도에게 기독교를 전하는데 편리한 도구이기도 했다. 그래서 콘스탄티노플에서도 로마 교회에서도 성상 숭배를 어느 정도 인정하고 있었다.

반면 신흥 이슬람은 우상 숭배를 완전히 부정했다. 신에게 원래 형상이 없다는 점을 생각할 때 우상 숭배를 부정하는 이슬람이 종교적으로 옳다고 생각하는 쪽도 많았다. 그래서 레온 3세는 이슬람에 대항하기 위해 성상 숭배를 금지하게 되었다.

갑작스러운 성상 파괴령 때문에 동로마 제국 내에서도 반발이 거셌지만, 무엇보다 로마 교황부터가 이를 용인하지 못했다. 로마 교회는 게르만족에게 신앙을 전하는 과정에서 이해를 돕기 위한 종교적 상징으로 성상을 이용해왔다. 그런데 이제 와서 성상 숭배를 부정하면 가톨릭 및 로마 교회의 권위가 실추될지도 모른다고 여긴 것이다.

교황 그레고리오 2세가 레온 3세의 방침에 반대하면서 대립은 심화되었다. 로마와 북이탈리아 사람들이 교황의 편을 들자 레온 3세는 교황에게 압력을 가했다. 레온 3세는 랑고바르드족을 부추겨서 로마를 압박했다. 이런 위기 상황에서 그레고리오 2세는 랑고바르드 왕 리우트프란드와 교섭에 성공했다. 그러자 레온 3세는 이탈리아 남부와 시칠리아섬에 있던 교황령을 몰수하고, 로마 교회의 자금줄을 끊으려 했다.

교황이 소유하던 토지는 '베드로 세습령Patrimonium Petri'이라고 해서, 각 교회에서 증여받은 토지였다. 교황은 서로마 제국이 무너지던 혼란스러운 상황을 틈타 이탈리아 각지에서 소유령을 늘려나갔다. 이 토지에서 나오는 수입이 교황을 뒷받침하고 있었는데, 동로마 황제 레온 3세는 이것을 빼앗아 적의 식량 보급로를 차단하여 무력화시킨 것이다.

이렇게 교황과 동로마 황제의 대립은 심각해져 갔다. 그전에도 로마 교황과 동로마 황제가 대립하며 험악한 관계가 된 적은 몇 번이나 있었다. 그래도 로마 교황은 기본적으로 동로마 황제에게 보호받기 원했고 황제에게 종속될 수밖에 없었다. 하지만 이를 계기로 교황은 동로마 황제에게서 완전히 벗어나기로 결심하게 된다. 로마에서는 교황 그레고리오 3세의 즉위를 마지막으로 더 이상 동로마 황제의 승인을 받지 않게 되었다. 다음 교황 자카리아는 동로마 제국과 관계없이 즉위했다. 그런 점에서 볼 때 유럽을 지킨 것은 레온 3세였지만, 유럽 세계가 둘로 분열하는 계기를 만들었다고도 할 수 있을 것이다.

카롤루스 대제의 대관식으로 우월함을 드러내지만, 로마 교황의 수난은 계속된다

피핀의 프랑크 왕국 왕위 찬탈

교황은 왜 프랑크 왕국에 접근했는가?

로마 교황과 동로마 제국의 관계가 악화된 8세기 중반, 교황은 프랑크 왕국에 접근하기로 결심한다. 동로마 제국과 거리를 두고 프랑크 왕국을 새로운 보호자로 삼고자 한 것인데, 프랑크 왕국에 로마 교황의 수호자가 될 만한 자질이 있어 보였기 때문이다.

앞서 말했듯이 프랑크 왕국은 게르만족 국가 중에서 아리우스파를 통하지 않고 로마 가톨릭을 받아들인 나라다(55페이지 참조). 많은 게르만 국가가 이단인 아리우스파를 통해 기독교를 믿게 된 것과 달리 프랑크족은 아리우스파의 영향을 받지 않았다. 로마를 항상 위협하는 랑고바르드족과는 달랐던 것이다.

더구나 프랑크 왕국은 서유럽 굴지의 강국이었다. 궁재인 샤를 마르텔은 투르-푸아티에 전투에서 이슬람 세력에 승리하며 무인으로서 명성을 떨쳤다. 프랑크 왕국의 실력이라면 로마를 위협하는 랑고바르드족도 쓰러뜨릴 수 있을 것이었다.

이런 속셈으로 로마 교황 그레고리오 3세는 프랑크 왕국의 실질적인 지도자였던 샤를 마르텔에게 접근해 랑고바르드 왕국 타도를 제안했지만, 이 교섭은 불발로 끝난다. 샤를 마르텔이 랑고바르드족에게 진 빚이 있었기 때문이다.

투르-푸아티에 전투가 끝난 뒤, 남프랑스에 남아 있던 이슬람 세력을 토벌하는 과정에서 샤를 마르텔은 랑고바르드족의 도움을 받았다.

이로써 그레고리오 3세의 계획은 실패한 듯 보였지만, 그가 사망한 후에도 그 구상은 여전히 남아 있었다. 그레고리오 3세의 계획을 알고 있었는지, 카롤링거 가문의 샤를 마르텔의 아들 피핀은 먼저 교황 자카리아에게 접근한다. 피핀은 다음과 같은 서신을 보냈다고 한다.

기독교로 읽는 세계사 - 바티칸은 어떻게 역사에 군림했는가

"국왕의 칭호를 가진 자와 현실에서 국왕의 모든 권리를 행사하는 자, 어느 쪽이 왕관을 써야 마땅한가."

이에 대한 교황 자카리아의 회신은 다음과 같았다.

"실력이 없는 자가 국왕으로 있기보다, 진정으로 국왕이 되기에 걸맞은 능력을 갖춘 자가 국왕이 되어야 한다."

쉽게 말해, 실력자인 피핀은 주군인 메로빙거 왕가로부터 프랑크 왕국의 옥좌를 빼앗고 스스로 국왕 자리에 오르고 싶었다. 그러나 이는 왕위 찬탈이며 정통성이 부족했다. 그래서 피핀은 로마 교황의 권위에 주목하여, 교황의 승인을 받아 왕위를 빼앗고자 했다.

피핀과 그의 부하들도 아리우스파와 관련 없는 프랑크족이었기에, 로마 가톨릭을 믿었고 교황의 권위를 인정하고 있었다. 그래서 피핀의 의도를 파악한 교황 자카리아는 암묵적인 허가를 내렸던 것이다.

그 후 카롤링거 가문의 피핀은 곧바로 쿠데타를 일으켜 메로빙거 왕가를 추방하고, 751년 스스로 프랑크 국왕이 되었다. 이때 마인츠 대주교 보니파시오(*8세기 프랑크 왕국에 기독교를 전하다 순교한 잉글랜드 출신 선교사이자 초대 마인츠 대주교로, 독일의 수호성인으로 추대되었다)가 피핀에게 기름을 부었다(*기름을 붓거나 바르는 도유(塗油) 의식은 그 대상을 거룩하게 하는 행위로, 예로부터 선지자나 왕을 세울 때 기름을 부었다). 이때도 피핀은 가톨릭의 권위에 의지했던 것인데, 피핀 이후로 서유럽에서는 국왕이 즉위할 때 기름을 붓는 의식이 권위를 상징하게 되었다.

피핀의 기증
프랑크 국왕에게 받은 토지가 교황령의 시작이 되다

피핀이 정통성을 인정받아 프랑크 국왕으로 즉위할 수 있었던 것은 로마 교황 자가리아의 승인을 얻었기 때문이었다. 이는 로마 교황이 피핀에게 지운 '빚'이기도 했다.

피핀이 로마 교황에게 그 빚을 갚을 날은 금방 다가왔다. 753년 로마 교황 스테파노 2세(3세)(*752년 새 교황으로 선출되었으나 사흘 만에 사망해 주교 서품식을 치르지 못한 '교황 선출자 스테파노'를 정식 교황으로 인정하는 경우, 스테파노 2세가 아닌 스테파노 3세가 되기

때문에 스테파노 2세(3세)처럼 표기하기도 한다) 시대에 랑고바르드
족은 또다시 로마를 습격하려 했고, 이때 스테파노 2세는 피핀
에게 도움을 요청했다.

피핀의 군대는 이탈리아반도로 진격해 754년과 757년, 두 번
의 전쟁으로 랑고바르드 왕국군을 쳐부수고, 랑고바르드 왕국
으로부터 빼앗은 라벤나와 펜타폴리스 지방을 교황에게 바쳤
다. 이것이 '피핀의 기증'이다.

'피핀의 기증'을 그린 작품.
왼쪽의 스테파노 2세가 기증을 받고 있다

피핀의 기증을 통해 로마 교황은 본격적으로 영지를 소유하게 된다. 과거에도 로마 교황은 이탈리아 각 지역에 토지를 가지고 있었지만, 랑고바르드 왕국에 빼앗기고 동로마(비잔틴) 황제에게 몰수당하기도 했다. 그러다 당대의 최고 실력자인 프랑크 국왕에게서 잘 정돈된 토지를 기증받은 것은 로마 교황령 성립에 매우 획기적인 사건이었다.

이로써 로마 교황은 프랑크 왕국을 보호자로 두게 된다.

콘스탄티누스의 기증

교황 스테파노 2세의 속임수가 피핀의 기증을 탄생하게 했다!

로마 교황 스테파노 2세는 '피핀의 기증'이라는 큰 수확을 얻는 과정에서 세기의 속임수를 썼다. '콘스탄티누스의 기증'을 날조하여 피핀을 영향력 아래 둔 것이다.

콘스탄티누스의 기증이란, 4세기에 밀라노 칙령을 공표한 콘스탄티누스 대제가 교황 실베스테르에게 보냈다는 서신이다. 콘스탄티누스의 서신에는 이렇게 쓰어 있었다.

"우리는 교황 실베스테르에게 나의 궁전 및 모든 영토, 로마, 이탈리아, 서방의 모든 영토를 맡길 것이다."

피핀은 이 서신을 믿었기에 피핀의 기증을 결행했다.

하지만 교황이 얼마나 위대한 존재인지 이야기하던 콘스탄티누스의 기증은 위서였고, 피핀은 감쪽같이 속았다.

그밖에도 이 기증 문서에는 교황과 황제가 동격이며 황제는 교황의 조력자가 되어야 한다고 쓰여 있었다.

게다가 콘스탄티누스 대제가 콘스탄티노플로 천도한 이유도 적혀 있었는데, 로마는 하늘의 왕이신 그리스도가 기독교의 주 춧돌을 놓은 땅이므로 로마 황제가 감히 로마 교황과 우위를 놓고 겨룰 수 없다는 것이었다.

콘스탄티누스의 기증은 르네상스 시대에 와서야 위서로 판명되었고, 그전까지는 오랫동안 진짜로 여겨져 왔다. 교황과 대립하던 이들조차 이 문서가 위서일 거라고는 의심하지 않았고, 중세에는 교황의 절대 권위의 근거가 되기도 했다.

카롤루스 대제의 성전

영토에 대한 욕심과 교황을 지키려는 마음이 합쳐져 정복에 열중하다

로마 교황 스테파노 2세가 프랑크 국왕 피핀과 좋은 관계를 맺은 후, 교황과 프랑크 왕국 사이에는 연결고리가 생겼다. 피핀의 아들 카롤루스 대제(카롤루스 1세)가 프랑크 국왕으로 즉위한 뒤에도 이 연결고리는 여전히 이어졌다. 교황 하드리아노 1세가 카롤루스 대제에게 랑고바르드 왕국 토벌을 요청하자 카롤루스 대제는 이를 받아들였다. 774년에 카롤루스 대제는 랑고바르드 왕국을 무너뜨리고 교황의 안전을 확보했다.

그 후 카롤루스 대제는 로마 교황의 수호자를 자처했으며, 신의 이름으로 '성전(聖戰)'을 이행하는 것을 자신의 역할이라 여겼다. 무너뜨려야 할 존재는 랑고바르드 왕국만이 아니었다. 영토에 대한 욕심과 교황을 지키고자 하는 마음이 합쳐져, 교황의 적이 될 만한 세력을 전부 없애고 판도를 확장하겠다는 야심을 품게 된 것이다.

카롤루스 대제의 생애는 정복을 위한 전쟁의 연속이었다. 현재 독일에 있는 작센 지역은 30년 이상에 걸친 전쟁을 벌인 끝에 정복한 땅이다. 그 후 도나우강 중류 지역으로 진출하여 슬라브

족과 아바르족을 항복시켰다. 이들은 기독교를 믿지 않는 이방인들이었으므로, 카롤루스 대제의 전쟁은 기독교 왕국을 건설하는 것이나 다름없었다. 이런 식으로 카롤루스 대제의 프랑크 왕국은 동로마 제국에 필적하는 힘을 지니게 되었다.

기독교에서는 교황 우르바노 2세의 중동 십자군을 성전의 시작으로 본다. 하지만 사실은 그 이전에 카롤루스 대제가 이미 성전을 시작했던 것이다.

카롤루스 대제의 대관

레오 3세가 집전한 대관식과 서로마 제국의 부활이 서유럽의 원점이 되다

800년 프랑크 왕국 카롤링거 왕조의 카롤루스 대제는 로마의 성 베드로 대성당에서 대관식을 올린다. 이때 교황 레오 3세가 그에게 로마 황제의 왕관을 씌워 주었다.

바로 그 순간부터 카롤루스 대제는 로마 황제가 되었으며, 형식상 멸망했던 서로마 제국이 부활한 것이다. 서로마 제국은 '카롤링거 제국'이라는 이름으로 불리기도 했으며, 유럽에서는 카롤링거 제국과 동로마 제국, 두 개의 로마 제국이 양립하게 되었다.

카롤루스 대제의 대관식은 본인이 원했다기보다 교황 레오 3세의 획책에 의한 것이었는데, 그 배경에는 레오 3세의 위기가 있었다. 로마에는 레오 3세에게 반대하는 귀족들이 있었다. 그들이 반란을 일으키자 폭도에게 사로잡힌 레오 3세는 폭행을 당한 끝에 혀가 잘리고 눈을 도려낼 위기에 놓였다. 간신히 로마를 탈출한 레오 3세는 알프스를 넘어서 카롤루스 대제가 있는 곳까지 도망쳐 도움을 요청했다.

이것이 당시 교황의 현실이었다. 교황이 동로마 황제에게 종속되어 있던 시대에는 황제의 비호를 받았기에 교황의 신변은 비교적 안전했다. 그러나 교황이 동로마 황제를 배반하면 자신을 비호해 줄 세력 없이 로마 귀족들과 마주할 수밖에 없었다.

교황은 로마 귀족들의 지지를 모아야만 했고, 교황에게 반대하는 귀족들은 새 교황을 옹립하고자 했다. 그 결과, 무력 항쟁이 시작되어 교황이 폭도들에게 습격당하고 목숨을 잃을 뻔한 사태까지 발생한 것이다.

카롤루스 대제는 도망쳐 온 레오 3세를 보호하고, 호위를 붙여 로마로 돌려보냈다. 이윽고 800년, 카롤루스는 로마로 가서 대관식을 올리게 되는데, 이때 레오 3세의 책략이 빛을 발했다. 카롤루스 대제가 신도로서 교황 레오 3세 앞에 무릎을 꿇고, 레오 3세가 카롤루스 대제의 머리에 황제의 왕관을 씌운 것이다.

그 순간 환호성이 터져 나왔다. 그 자리에 있던 사람들은 교황과 로마 황제 중 어느 쪽이 우위에 있는지 두 눈으로 똑똑히 보았다. 현실에서는 카롤루스 대제의 보호 없이는 존립할 수 없는 교황이었지만, 시각적 효과를 통해 자신의 우월성을 드러낸 것이었다.

경쟁 상대인 동로마 제국의 경우에는 콘스탄티노플 총대주교를 통해 황제의 대관식을 거행하는 일은 없었다. 황제가 자기 손으로 직접 왕관을 쓰고 대관식을 올렸다. 레오 3세는 동로마 제국의 양식을 폐지함으로써 교황과 황제의 관계를 바꾸려고 했던 것이다.

이 대관식에 교황권을 확립하려는 장대한 야심도 숨어 있었을지는 모르나, 교황의 진짜 목표는 훨씬 사소했을 것으로 보인다. 레오 3세는 대관식을 통해 교황과 황제의 관계를 보여주며, 황제를 교황의 '경호원'으로 생각하게 하고 싶었다. 교황 뒤에는 황제가 항상 함께 있으니 로마의 귀족들이 함부로 손댈 수 없게 만들고 싶었다. 다시 말해 레오 3세는 로마 귀족들의 폭력에서 벗어나고 싶었던 것이다.

다만 이 계획은 실패한다. 뒤에서 서술하겠지만, 황제가 자리를 비운 동안 로마 귀족들은 교황에게 무슨 짓이든 할 수 있었다. 그래서 로마에서는 종종 교황의 수난이 일어나곤 했다. 그러나 장기적으로 보면 대관식은 교황에게 압도적으로 유리했다. 유럽에서 황제와 국왕이 힘을 기르던 시대에 그들의 권위를 뒷받침하게 되면서 로마 교황의 지위가 매우 높아졌기 때문이다.

카롤루스 대제의 로마 제국은 로마 가톨릭 세력권과 거의 겹치기에 가톨릭 제국이라고도 할 수 있었다. 가톨릭 제국을 형성하는 지역은 지금의 프랑스, 독일, 이탈리아 일부, 벨기에, 네덜란드, 스위스 등이다. 카롤루스 대제의 로마 제국이야말로 서유럽의 원류이기에, 훗날 카롤루스 대제를 '유럽의 아버지'라고 부르게 되었다.

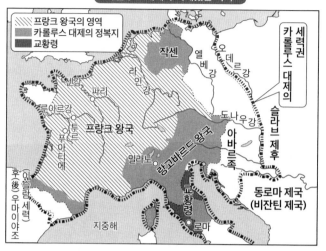

카롤루스 대제가 지배했던 지역

프랑크 왕국의 영역
카롤루스 대제의 정복지
교황령

작센
엘베강
오데르강
세력권 카롤루스 대제의
슬라브 제후
라인강
센강
파리
루아르강
투르
푸아티에
프랑크 왕국
밀라노
랑고바르드 왕국
도나우강
아바르족
동로마 제국 (비잔틴 제국)
후(後) 우마이야조
(이슬람 세력)
교황령
로마
지중해

카롤링거 왕가의 내분

마침내 로마 교황에게 의존하기 시작한 카롤루스 대제의 자손들

로마 교황 레오 3세에 의한 카롤루스 대제의 대관식은 훗날 기독교와 유럽이 형성되는 데 있어 대사건으로 평가받는다. 그러나 그 당시에도 대사건이었는지는 다소 의문이 남는다. 카롤루스 대제는 자식들을 로마 황제 자리에 앉힐 때 교황에게 의지

하지 않았다. 그의 아들 루이는 공동 황제로 즉위하면서 동로마 제국식으로 직접 왕관을 썼다.

카롤루스 대제는 황위를 교황에게 부여받는 것이 아니라 신께서 주시는 것으로 생각했다. 그래서 카롤루스 대제는 교황에게 종속될 마음이 전혀 없을뿐더러, 오히려 자신이 교황의 주인이라고 생각하고 있었다. 그는 자신의 승인 없이는 새 로마 교황의 즉위도 있을 수 없다고 여겼다. 새로운 '로마 황제'가 된 카롤루스는 자신이야말로 가톨릭 세계의 지배자라고 믿어 의심치 않았던 것이다.

하지만 그렇게 생각할 수 있었던 것은 카롤루스 대제에게 걸출한 능력이 따라주었기 때문이고, 그의 자손들은 달랐다. 카롤루스 대제의 자손들은 반대로 교황의 권위에 의존하기 시작했다. 814년 카롤루스 대제가 서거하자, 그의 아들 루이 1세는 이미 황제로서 대관식을 올렸음에도 불구하고, 로마 교황 레오 3세의 집전하에 랭스에서 다시금 대관식을 올린다. 루이 1세의 아들 루트비히 2세나 로타르 1세는 일부러 로마까지 가서 교황을 통해 대관식을 올렸다.

이는 카롤링거 왕가의 내분과 관련이 깊다. 카롤루스 대제에게서 카롤링거의 황위를 이어받은 것은 루이 1세다. 루이 1세는 막내 샤를(대머리왕 샤를)을 편애했기 때문에, 샤를의 형 로타르 1세와 루트비히 2세는 반발하며 샤를에게 맞서 전쟁을 시작했다. 이들은 자신의 정통성에 권위를 부여하기 위해 교황에게 의존한 것이다.

형제의 싸움은 카롤링거 제국을 분열시켰다. 843년 베르됭 조약에 의해 로타르 1세는 중부 프랑크와 이탈리아 북부, 루트비히 2세는 동프랑크, 샤를은 서프랑크를 물려받게 되었다. 그래도 카롤링거 왕가의 싸움은 끝나지 않았고, 카롤링거 제국령은 프랑스, 독일, 이탈리아로 나뉘게 된다.

그 과정에서 루트비히 2세와 로타르 1세가 잇따라 로마 교황을 통해 대관식을 올리게 되자, 이는 카롤루스 대제의 대관식보다 확실하게 로마 교황과 황제의 관계를 정의하는 결정적 계기가 되었다. 그 후, 로마 교황의 대관식을 통해 황위의 정통성을 인정받는 시대가 시작된다.

황위뿐만이 아니었다. 프랑스와 잉글랜드가 국가 체제를 갖추어 갈 때도 마찬가지로 국왕들은 로마 교황의 권위에 의존했다. 그리고 피핀이 프랑크 국왕이 되었을 때 대주교가 기름을 부었던 것처럼, 대주교의 도유 의식이 국왕이 되는 데 꼭 필요한 의식이 되었다. 기름 부음을 통해 비로소 왕들은 신성을 부여받았던 것이다.

9~10세기에 카롤루스 대제를 제외한 유럽의 황제와 국왕은 유명무실했다. 사람들을 끌어당기는 구심력이 없었기 때문에 그들은 로마 교황이나 대주교의 권위에 의존하기 시작했다. 그들의 의존도가 커질수록 유럽에서 교황의 지위가 높아진다는 공식이 생겨났다.

시체 재판
황제가 없는 시대, 교황은 이탈리아 귀족의 꼭두각시가 되었다

카롤루스 대제가 카롤링거 제국을 세운 이래, 로마 교황의 권위는 전 유럽에서 상승하는 경향을 보였다. 그렇게 위엄을 갖춘 교황이었지만 9세기 중반부터 10세기까지는 수난의 연속이었다.

먼저 846년 교황 세르지오 2세 시대에는 이탈리아반도에 이슬람 세력이 상륙하여 로마를 습격했다. 성 베드로 대성당도 약탈의 대상이 되었다.

거기다 로마 교황들이 단명하기 시작했다. 891년 즉위한 교황 포르모소부터 931년 요한 11세까지 약 40년 동안 20명이 넘는 로

마 교황이 등장했다. 심지어 살해당한 로마 교황도 여럿이었다.

9세기 중반 이후, 로마에서 교황의 수난이 이어졌던 것은 카롤링거 제국의 내분 및 몰락과도 관계가 있다. 8세기 중반 카롤링거 제국이 분열한 후, 동프랑크와 서프랑크는 단순한 지방 정권이 되었으며, 분열한 카롤링거 왕조의 직계도 몰락의 길을 걸었다. 875년 이탈리아계의 카롤링거 왕조가 끊기고, 911년 동프랑크의 카롤링거 왕조가 끝나며, 987년에는 서프랑크의 카롤링거 왕조마저 역사의 뒤안길로 사라지고 만다.

9세기 후반부터 서유럽은 황제가 존재하지 않거나 있어도 유명무실해졌다. 교황을 지켜야 할 강력한 로마 황제는 어디에도 없었고, 교황 스스로 이슬람 세력의 침공에 맞서 대항해야만 했다.

카롤링거 왕가의 황제들을 대신해 교황 선출에 관여하게 된 것이 이탈리아의 귀족들이었다. 교황은 이탈리아 귀족들의 권력 투쟁에 휘말려 그 지위가 매우 불안정했다. 다시 말해 피핀의 기증이 있기 전, 이탈리아 귀족의 폭력에 시달리던 교황으로 돌아간 것이다.

교황의 수난을 상징하는 사건 중 하나가 교황 포르모소의 '시체 재판' 사건이다. 포르모소는 896년 사망했지만, 일 년 뒤인 897년 새 교황 스테파노 6세(7세)가 포르모소의 무덤을 파헤치고 그 시신을 꺼내 종교 재판의 의자에 앉힌다. 이 재판에서 포르모소는 유죄를 선고받고, 시신의 손발은 절단되어 테베레강에 던져진다.(*삼위일체를 상징하는 오른손 세 손가락을 잘렸다는 설도 있다)

포르모소의 시신이 수난을 당한 것은 스테파노 6세가 이탈리아의 귀족 스폴레토 가문의 의중을 헤아린 데서 시작되었다.

이 시기의 스폴레토 가문은 황제도 배출했을 정도였지만, 교황 자리에 있던 포르모소는 스폴레토가의 횡포를 싫어했다. 포르모소는 동프랑크의 아르눌프를 황위에 세우고 스폴레토가를 타도하고자 했다. 아르눌프는 로마로 진격해 교황 포르모소의 수호자가 되었지만 얼마 지나지 않아 병으로 드러눕고 만다. 스폴레토가는 이때의 원한을 품고 있었고, 스폴레토가 덕분에 교황이 된 스테파노 6세가 복수를 실행한 것이었다.

도색 정치

유력가의 여자들이 교황을 차례로 갈아치우다

로마 교황의 수난 시대였던 10세기 전반, 그들의 생사를 쥔 것은 이탈리아의 귀족들이었다. 특히 테오필락투스 가문의 여성들에게 교황의 지위가 좌우되던 시대는 '도색 정치Pornocracy(창부 정치)'라는 불명예스러운 이름으로 이야기되고 있다.

로마의 귀족 테오필락투스 가문이 교황과 결탁하기 시작한 것은 904년 선출된 교황 세르지오 3세 때부터다. 스폴레토가 덕분에 교황이 된 세르지오 3세는 스테파노 6세가 했던 '시체 재판'을 다시 행했다. 스테파노 6세로 인해 수난을 당했던 포르모소의 유해는 또다시 파헤쳐져 치욕을 겪었다.

세르지오 3세가 테오필락투스가와 결탁한 것은 자신의 권력을 강화하기 위해서였다. 당시 테오필락투스가는 로마 제일가는 세력을 자랑했기에 그 힘을 빌리고 싶었던 것이다. 테오필락투스가의 수장 격인 테오도라와 교황 세르지오 3세는 절친한 관계가 되었다. 심지어 테오도라의 딸 마로치아와 세르지오 3세는 남녀 사이로 발전하는데, 두 사람 사이에서 태어난 아이가 훗날의 교황 요한 11세이다.

그 후로도 테오도라는 자신이 원하는 대로 세 명의 교황을 옹립했으며, 테오도라가 사망한 뒤에는 그녀의 딸 마로치아가 교황의 킹메이커가 된다. 마로치아는 이슬람 세력과 싸웠던 무인 교황 요한 10세를 폐위하고 감옥에서 사망하게 했다. 요한 10세가 감옥 안에서 살해당했다는 설도 있다.

마로치아도 세 명의 로마 교황을 옹립했지만, 교황 요한 11세 시대에 실권을 잃는다. 요한 11세의 이부(異父) 형제인 알베리코 2세가 반란을 일으켜, 마로치아를 투옥시켰기 때문이다.

이로써 '도색 정치'의 시대는 끝나지만, 대신 로마의 지배자가 된 알베리코 2세가 로마 교황의 물갈이를 시작한다. 알베리코 2세는 다섯 명의 로마 교황을 옹립했고, 그중 한 명인 스테파노 8세(9세)는 알베리코 2세에 의해 폐위되어 손발이 잘렸다고 전해진다.

심지어 마지막으로 교황 자리에 오른 요한 12세는 알베리코 2세의 사생아였다. 신성해야 할 로마 교황은 귀족들의 꼭두각시로 전락하고 말았다. 하지만 로마의 귀족들이 로마 교황을 마음대로 휘두를 수 있었던 시대는 교황 요한 12세에서 잠시 끝난다. 새로운 비호자인 '신성 로마 제국 황제'가 등장했기 때문이다.

오토 1세의 대관
서로마 제국과 카롤링거 제국을 계승한 신성 로마 제국의 탄생

961년 로마 교황 요한 12세는 독일 왕 오토 1세(오토 대제)를 새로운 수호자로 간주하고 이탈리아로 초청한다. 그 당시 이탈리아는 혼란스러운 상황이었기에 요한 12세는 오토 1세의 힘을 빌려 교황의 권력을 안정시키고자 했던 것이다.

오토 1세는 북이탈리아를 평정한 뒤, 962년에 요한 12세를 통해 '로마 황제'로서 대관식을 올린다. 이것이 '신성 로마 제국'의 시작이다.

신성 로마 제국은 카롤루스 대제로부터 시작된 카롤링거 왕조의 '로마 제국(카롤링거 제국)'과 '서로마 제국'을 둘 다 계승했다. 서유럽에서는 카롤링거 왕조의 제국이 해체되면서 황제의 존재가 사라지다시피 했으나, 오토 1세가 등장하며 로마 황제가 부활하게 되었다.

신성 로마 제국 초대 황제 오토 1세

오토 1세가 등장하기 전, 카롤링거 왕조의 로마 제국이 분열하며 동프랑크가 생겨났고 여기서 '독일'이라는 나라가 탄생했다. 911년 동프랑크에서 카롤링거 왕조의 혈통이 끊어지자 선거를 통해 제후(부족 대공) 중에서 새로운 왕을 옹립하게 된다. 가장 먼저 독일 중부의 프랑켄 대공 콘라트 1세가 즉위했고, 이어서 북부의 작센 대공 하인리히 1세가 선출되었다. 하인리히 1세의 아들인 오토 1세도 독일의 왕으로 지명되었다. 이것이 작센 왕조다.

오토 1세는 955년 레히펠트 전투(*독일 레히펠트에서 오토 1세가 마자르족에게 압승을 거두었던 전투로, 이후 마자르족은 다시는 서유럽을 침공하지 않았으며 헝가리 왕국을 세웠다)를 계기로 명성을 떨치게 되었다. 이 당시 유럽은 동방의 마자르족(헝가리인)의 습격을 두려워하고 있었는데, 오토 1세가 마자르족을 완전히 격퇴했던 것이다. 독일에서 오토 1세의 명성과 인망은 높아만 가고 이탈리아에서도 주목받게 되었다. 교황 요한 12세는 새로운 실력자 오토 1세를 카롤루스 대제의 재래라 칭하며, '신성 로마 제국 황제'로 삼았다.

이때부터 독일 왕으로 선택받은 자는 로마 교황을 통해 대관식을 올리고 신성 로마 황제가 된다는 공식이 성립되었다. 신성 로마 황제가 기본적으로 통치하는 땅은 독일이지만, 신성 로마 황제로서 대관식을 올리기 위해서는 로마에 가야만 했다. 신성 로마 황제가 교황의 수호자인 만큼 이탈리아와 계속 얽힐 수밖에 없다. 그래서 독일 정치와 이탈리아 정치는 깊은 연관성을 갖고 두 나라가 서로 뒤얽히면서 유럽 중세사의 한 부분을 이루기 시작한다.

서프랑크 왕, 다시 말해 프랑스 왕이 아니라 독일 왕이 신성 로마 황제로 선택된 것은 10세기 당시 독일 왕이 프랑스 왕보다 강했기 때문이다. 서프랑크에서 카롤링거 왕조가 단절된 것은 987년의 일이지만, 그전에도 서프랑크 왕은 노르만족의 침략에 시달리고 있었다. 카롤링거 왕가는 무력했고, 오히려 파리 백작(*카롤링거 왕조 때 현재의 파리시와 파리 주교령을 관할하여 다스린 백작 작위)인 로베르 가문 쪽이 힘을 가지고 있었다.

서프랑크에서 카롤링거 왕조가 끊어졌을 때, 로베르가 혈통의 파리 백작 '위그 카페'가 새 왕조를 세운다. 바로 프랑스의 카페 왕조의 시작이다.

다만 프랑스 최초의 왕조인 카페 왕조의 지배 범위는 파리 주변에 그쳤기에, 카페 왕조 국왕에게 이렇다 할 힘이 있을 리는 없었다. 선거를 통해 선출되었지만, 국내 제후를 그럭저럭 통솔할 수 있었던 독일 왕 쪽이 로마 교황으로서는 의지할 수 있는 존재였다.

덧붙여 신성 로마 제국이라는 이름은 13세기 후반 이후에 생긴 것이다. 처음에는 그냥 '제국'이었고 그 후 '신성 제국'이라고도 불리다 최종적으로 '신성 로마 제국'이 되었다(126페이지 참조).

신성 로마 황제 대 로마 교황

황제는 교황의 수호자이며 파괴자였다

오토 1세의 대관에 의한 '신성 로마 제국'의 성립이 반드시 로마 교황의 안전을 보장해 주었다고는 할 수 없다. 신성 로마 황제가 로마 교황을 지지하며 호의적으로 대하는 한, 교황 자리가 무사한 것은 사실이다. 하지만 교황이 황제의 뜻에 따르지 않으면 신성 로마 황제로부터 제재를 받을 수밖에 없었다.

이는 오토 1세 때부터 이미 시작되었다. 오토 1세는 교황 선거 제도를 정비하여 신성 로마 황제의 동의 없이 교황 선거를 치르지 못하게 했다. 심지어 교황은 황제의 사절 앞에서 황제를 향한 충성을 맹세해야만 했다.

기독교로 읽는 세계사 - 바티칸은 어떻게 역사에 군림했는가

오토 1세의 대관식을 거행했던 교황 요한 12세는 이에 반발하여, 오토 1세가 독일로 귀국하자마자 동로마 제국과 새롭게 손을 잡으려고 했다. 요한 12세의 움직임을 눈치챈 오토 1세는 로마로 돌아가 요한 12세를 폐위하고 추방한다. 그리고 레오 8세를 교황으로 세웠다.

이는 새로운 대립의 시작이기도 했다. 그 후, 오토 1세를 비롯한 신성 로마 황제가 세운 교황과 로마 귀족들이 세운 교황이 번갈아 등장하게 된다. 신성 로마 황제가 로마에 있는 동안에는 황제가 세운 교황은 보호받는다. 하지만 신성 로마 황제가 로마를 뜨면, 로마 귀족들은 다시 움직이기 시작했다.

이렇게 로마 귀족들이 지지하는 교황의 시대로 접어들지만, 그 시기도 그리 오래 지속되지 못했다. 신성 로마 황제가 로마로 내려가면 또다시 황제의 눈에 든 새 교황이 선택된다. 그러나 황제가 로마를 뜨면 교황 자리는 다시금 바람 앞의 등불 신세가 되었다. 그렇게 끊임없는 도돌이표의 시대가 이어졌다.

사유 교회 제도

봉건 영주가 세운 교회와 수도원이 기독교를 전파하다

10세기 서유럽에서는 카롤링거 왕조의 제국이 몰락하며 로마 교황의 지위도 불안정해졌다. 권력과 권위를 둘러싸고 혼란이 끊이지 않는 가운데, 서유럽에 깊게 뿌리내린 기독교는 사실상 정치와 경제를 움직이고 있었다.

기독교가 유럽의 정치, 경제와 깊이 연관된 것은 '사유 교회 제도Eigenkirche'의 영향이 크다. 사유 교회 제도에서 봉건 영주 들은 촌락의 중심이 될 법한 땅에 교회나 수도원을 세우고, 로마 교회의 승인 없이 사제나 수도사를 직접 임명했다. 사제가 될 사 람이 성직자가 아닌 일반인이더라도 개의치 않았다.

봉건 영주가 세운 사유 교회와 수도원은 촌락 경영의 핵심이 었다. 10세기는 유럽에서 농업 혁명이 진행된 시대였는데, 철제 농기구가 보급되며 대규모 개간이 가능하게 되었다. 그전까지 서 유럽은 농업 수확량이 적어 침체되어 있었지만 농업 혁명으로 인해 수확량이 크게 늘었다. 그리고 이를 주도했던 것이 봉건 영 주가 운영하는 사유 교회와 사유 수도원이었다.

사유 교회와 수도원은 수익이 늘어난 촌락에서 세금을 걷어

갔다. 그 세금은 그대로 봉건 영주의 수중에 들어갔으므로 사유 교회 제도는 봉건 영주들의 촌락 형성과 지배력의 핵심이 되었다. 사유 교회 제도를 통해 중세 유럽에서 봉건 영주가 힘을 기를 수 있었던 것이다.

사실 로마 교회도 사유 교회 제도를 금지하지는 않았다. 확실히 위법이기는 해도, 각지에 교회와 수도원이 세워지면 그만큼 기독교가 더 널리 서유럽으로 퍼져나갈 수 있기 때문이었다.

그렇게 로마 교황을 정점으로 하여 대주교, 주교, 사제, 수도원장 등등 '성직 계층 제도Hierarchie(히에라르키)'가 확립되었다.

주교와 사제 등 성직자를 임명할 권한이 로마 교회의 손을 떠나더라도, 기독교를 전하고 계급제를 확립한다는 점에서 볼 때 사유 교회 제도는 로마 교회 쪽에도 나쁘지 않은 선택이었다.

봉건 영주들의 사유 교회가 그 수를 늘려나가는 가운데, 수도원 자체가 봉건 영주가 되는 경우도 있었다. 그 전형적인 예가 프랑스 동부 부르고뉴에 있는 클뤼니 수도원이다. 클뤼니 수도원은 봉건 영주 아키텐 공(公) 기욤에 의해 세워졌지만, 프랑스 남서부의 아키텐과 부르고뉴는 멀리 떨어져 있었다. 클뤼니 수도원은 아키텐 공의 손을 떠나, 자립한 수도원으로서 스스로 봉건 영주가 되었다.

클뤼니 수도원에서는 '기도하고 일하라'라는 '베네딕토의 계율(54이지 참조)'을 철저히 따르며 농업 생산 혁명을 이끌었다. 클뤼니 수도원이 있는 부르고뉴는 지금도 세계에서 가장 뛰어난 최고급 포도주의 산지로 이름 높은데, 이 땅에서 처음 포도밭을 일구었던 것도 클뤼니 수도원이다.

한편 사유 교회 제도에서는 사제가 아내를 얻을 수 있었고, 성직 매매도 이루어졌다. 이는 교회의 타락으로 이어지며 교회 내부 개혁 운동을 일으키는 계기가 되었다. 이 또한 클뤼니 수도원으로부터 시작되었다.

제국 교회 정책

성당과 수도원을 신성 로마 황제의 직속으로 삼은 이유

서유럽에서 사유 교회 제도가 발달하던 10세기, 독일에서는 황제에 의해 새로운 교회 제도가 시행되었다. 바로 '제국 교회 정책Reichskirchenpolitik'이다.

제국 교회 정책을 수립한 것은 초대 신성 로마 황제 오토 1세였다. 오토 1세는 독일의 주교좌 성당(전도의 중심이 되는 교회의 성당)과 수도원을 황제 직속으로 지정해 직접 다스렸고, 이후 독일에서는 이 정책이 수 세기 동안 이어졌다.

신성 로마 황제가 제국 교회 정책을 채택한 이유는 독일의 봉건 제후(영주)들을 억누르기 위해서였다. 원래 독일에서는 봉건 제후의 힘이 강했고, 제후들 중에서 왕을 선출했다. 그러다 봉건 제후들이 운영하는 사유 교회가 로마 교회에 소속되어 있던 주교좌 성당과 수도원을 제압하려 하자, 오토 1세는 제국 교회 정책을 도입한 것이다.

황제 직속으로 지정하여 보호하면 주교좌 성당과 수도원의 힘이 강해질 뿐만 아니라, 황제의 뜻대로 행동하며 봉건 제후에 대항하는 존재가 될 수도 있었다.

더구나 주교좌 성당과 수도원은 사유 교회와 달리 성직자 독신 제도하에 있기에 세습도 불가능했다. 주교나 수도원장이 사망하고 나면 신성 로마 황제는 자기 마음에 드는 새 주교와 수도원장을 그 자리에 보내면 되었다.

다만 황제가 주교좌 성당이나 수도원을 직속으로 두는 행위는 로마 교황으로부터의 이탈을 의미하기도 했다. 그래서 훗날 신성 로마 황제는 후에 성직자 임명권을 둘러싸고 로마 교황과 다투는 운명이 된다.

그리고 또 하나, 황제 직속이 되면 주교좌 성당과 수도원은 세속에 물들기 쉬웠다. 그 때문에 10세기에서 11세기에 걸친 유럽 교회의 내부 개혁과 쇄신 운동은 독일에서만 늦어지게 되었다.

노르만족이 날뛰다
바이킹의 습격 때문에 신앙심이 깊어지다

로마 교황의 수난이 이어지던 10세기, 유럽 전체를 공포의 밑바닥으로 몰아넣은 것은 노르만족이다. 다시 말해 바이킹의 습격이었다. 스칸디나비아반도나 유틀란트반도에서 살던 바이킹은 뛰어난 항해 기술을 이용해 동프랑크, 서프랑크, 대브리튼섬(영국 본도), 아일랜드 등을 습격하기 시작했다.

노르만족의 습격은 9세기부터 이미 시작되었으나, 동프랑크, 서프랑크의 황제와 국왕은 대부분 무력했다. 노르만족은 강을 거슬러 올라와 내륙 도시까지 습격했기에 안전지대는 어디에도 없었다.

노르만족은 아직 기독교를 믿지 않았다. 그래서 때때로 부의 보고인 교회를 습격하기도 했으며 온갖 약탈을 저질렀다.

バイキングの襲撃

노르만족이 원래 살던 지역
노르만족이 침입한 지역
노르만족의 경로

노르만족의 습격은 어느 날 불시에 찾아왔다. 그들의 습격은 유럽의 기독교 신앙이 깊어지는 결과를 낳았다. 노르만족의 습격을 두려워할수록 기독교의 가르침을 더욱 신실하게 믿었던 것이다.

이는 요한계시록(요한 묵시록) 때문이었다. 신약 성경의 마지막 편인 요한계시록에서는 사탄의 시대가 도래할 것이라고 예언하고 있었다. 예수가 부활한 이후로 천 년 동안은 예수와 모든 성인의 시대다. 그 천 년이 끝나면 사탄은 옥에서 해방되어 모든 성인의 도시를 포위할 것이며, 하늘로부터 불이 내려올 것이다.

그리고 모든 것이 다 불탄 뒤에는 최후의 심판이 기다리고 있다는 예언이었다.

예수와 모든 성인의 천 년이 끝나는 시기는 1033년으로 추정되고 있었다. 그래서 기독교인에게 노르만족의 습격은 사탄의 시대를 예고한 것이나 다름없었다.

성직자들이 요한계시록에 근거해 '최후의 심판의 날이 가까웠다'라고 설교했기에, 기독교인들은 종말에 공포를 느꼈다. 그 공포가 신앙심으로 이어져 기독교인의 신앙은 더욱 신실해졌다.

11세기 일본에서도 이와 비슷한 현상이 있었다. 불교에는 석가모니의 열반 후 정법, 상법의 시대를 거쳐 불교의 가르침이 쇠퇴하는 말법의 시대가 온다는 말법사상이 있다. 일본에서는 1052년부터 말법이 도래한다고 생각했다. 당시 재해가 빈발하자 일본인들은 말법이 왔다고 믿고서 미래를 두려워하여 정토 신앙 (*부처가 사는 정토에 극락왕생하기를 염원하는 신앙)이 발달했다. 마찬가지로 유럽에서는 노르만족의 습격이 기독교인의 신앙심을 발전시킨 것이다.

10세기 로마 교황은 로마에서의 정쟁에 몰두하느라 독일이나 프랑스의 상황에는 별로 관심이 없었다. 그러나 로마 교황의 노력과는 관계없이, 사유 교회 제도와 노르만족에 대한 공포심 덕분에 기독교는 유럽에 굳건히 뿌리내리게 되었다.

중세 시대에 여성 교황이 있었다?

역대 로마 교황 중에는 여성 교황도 있었다고 한다. 요한나라는 이름의 교황인데, 9세기의 교황 레오 4세 사후에 즉위했다고도 하며 (855~858년 재위), 12세기에 등장했다는 설도 있다.

여성 교황 요한나에게는 다양한 설이 있는데, 오랫동안 줄곧 남장을 해온 여성이었다는 이야기도 있다. 요한나는 연인과 함께 아테네에 가서, 피치 못할 사정으로 남장을 하게 되었다. 남장을 한 그녀는 어깨를 나란히 할 자가 없을 정도의 학식을 쌓았으며, 좋은 평판 덕에 로마에 초청받아 교황이 되었다.

하지만 교황으로 지내던 도중 측근에게 여성이라는 사실을 들키고 말았다. 그 사람과 가까운 사이로 발전한 요한나는 임신하게 된다. 그러던 어느 날, 성 베드로 대성당에서 라테라노 궁전으로 향하던 중 요한나에게 갑작스럽게 진통이 찾아왔다. 좁은 길에서 출산한 그녀는 그대로 숨을 거두고 말았다고 한다. 혹은 여성인 것이 들켜서 돌로 치는 형벌을 받아 죽었다고도 한다.

여성 교황 요한나의 이야기는 17세기에 와서는 지어낸 이야기라며 부정당했다. 하지만 중세부터 종교 개혁 전까지는 민간에서 널리 전해 내려오던 이야기였다.

14세기에는 시인 '페트라르카'와 《데카메론(*근대 소설의 시초로 평가받는 단편집으로, 흑사병을 피해 피렌체의 별장에 모인 10명의 남녀가 나눈 10일간의 이야기)》으로 유명한 작가 '보카치오'가 그녀의 이야기를 소재로 다루기도 했다.

로마 교황의 타락과 부패가 규탄받기 시작한 시대였던 만큼, 방탕한 로마 교황 가운데 여성이 있어도 이상하지 않다는 분위기 탓인 듯하다.

또한 종교 개혁이 이루어지던 시대에 여성 교황 요한나의 이야기는 프로테스탄트가 가톨릭의 타락을 비난하기 알맞은 이야기이기도 했다. 이러한 사정 때문에 여성 교황 요한나는 실재하는 존재가 된 것이다.

신성 로마 황제가 족쇄에서 벗어나자,
교황은 '신의 적'이라며 배격하기 시작했다

클뤼니 수도원의 개혁

교회의 신성화에 기여한 반부패 운동은 어떻게 시작되었는가?

중세 시대 11세기 말부터 유럽에서는 로마 교황이 가장 높은 존재가 되었다. 10세기까지만 해도 교황은 미약하고 늘 보호자를 필요로 하며 세속의 부패에 물들어 있었다. 그런 교황이 신성하게 여겨지게 된 것은 교회 내부의 개혁이 있었기 때문이다.

처음의 개혁은 교황과 직접 관련은 없는 유럽 곳곳에서 시작되었으며, 교회 개혁을 주도한 것은 프랑스의 클뤼니 수도원이었다(88페이지 참조).

클뤼니 수도원은 베네딕토회의 수도원이었는데, 봉건 영주의 손을 떠나 로마 교황 직속 수도원이 되었다. 클뤼니 수도원에서는 6세기에 몬테카시노 수도원을 창설한 베네딕토의 엄격한 계율을 지켰으며, 선거를 통해 수도원장을 선발했다. 그리고 세속 권력과 거리를 두었기 때문에 자립성이 매우 높았다. 따라서 봉건 영주들이 소유한 사유 교회의 부패에 의문을 가지고, 개혁의 급선봉에 선 것이다.

사유 교회의 부패는 '성직자의 결혼'과 '성직 매매'로 대표된다. 원래 기독교에서 성직자는 독신이어야 했지만, 봉건 영주의 사유 교회는 세속성이 강했기 때문에 이를 지키지 않는 경우도 많이 발생했다. 게다가 교회에서는 성직을 사고팔거나 상속하는 일도 많았는데, 이 역시 교회가 타락한 원인이 되었다.

로마 교황의 자리도 매매의 대상이 되었는데, 교황 베네딕토 9세는 새 교황 그레고리오 6세로부터 뇌물을 받아 교황직을 양보하고 퇴위했다고 한다. 클뤼니 수도원은 이러한 성직자의 결혼과 성직 매매에 반대하여 개혁 운동을 시작했다.

클뤼니 수도원은 개혁을 부르짖고 실행할 수 있을 만큼의 큰 힘이 있었다. 왜냐하면 그들은 단순히 부르고뉴의 지역 세력이 아니라 서유럽에 1,200곳의 분원을 가지고 있었기 때문이다.

이는 그만큼의 경제력을 갖추었다는 반증이기도 했다. 클뤼니 수도원은 원래 봉건 영주이기도 했고, 농업 생산 혁명 덕분에 경제 기반이 탄탄했다. 게다가 교역에도 힘을 쏟았기에 더욱 큰 자산을 얻을 수 있었고, 그 경제력으로 분원을 세웠다. 또한 그 이념에 공감한 봉건 영주들이 자신의 사유 교회를 분원으로 제공하기도 했다.

이렇게 클뤼니 수도원은 교회 개혁에 앞장서며 아군을 늘려나갔기 때문에 로마 교회들도 혁신을 추구하게 되었다. 신성 로마 황제마저도 클뤼니 수도원의 이념에 공감했기에, 로마 교회의 개혁이 시작되었다.

황제 하인리히 3세

황제가 교회 개혁에 공감하며, 기이한 3인 교황의 시대를 끝내다

클뤼니 수도원의 교회 개혁으로 인해 유럽이 들썩이던 11세기 전반, 로마 교황의 지위는 여전히 불안정했다. 로마 교황의 자리는 로마의 귀족 투스쿨라니 가문에 의해 좌우되었으며, 투스쿨라니가 출신의 로마 교황도 하나둘씩 탄생했다. 이따금 신성 로마 황제가 개입하는 일도 있었다.

그런 가운데 베네딕토 9세, 실베스테르 3세, 그레고리오 6세 등 세 명의 교황이 등장하는 사태가 발생하는데, 이러한 이상 사태를 정리한 것이 신성 로마 황제 하인리히 3세이다.

하인리히 3세는 클뤼니 수도원의 이념에 공감하여 교회 개혁에 나선다. 그리고 로마 성직자들의 초청을 받아 로마로 가서 세 명의 교황을 전부 퇴위시키는 데 성공한다.

그리고 황제 하인리히 3세는 클레멘스 2세를 교황으로 임명한다. 클레멘스 2세는 로마 교회 개혁을 시작하지만, 그는 1년도 지나지 않아 죽는다. 그러자 퇴위당했던 베네딕토 9세가 또다시 로마 교황이 되었고 황제 하인리히 3세가 곧바로 그를 끌어내린다.

이후 황제 하인리히 3세는 다마소 2세와 레오 9세 같은 독일인 교황을 옹립한다. 다마소 2세의 재위 기간은 한 달도 채 되지 못했지만, 레오 9세는 기대했던 대로 개혁파 교황이 되었다. 레오 9세는 하인리히 3세의 종형제에 해당한다. 그는 개혁을 위해 인재를 등용했는데, 그중에는 '카노사의 굴욕'으로 이름 높은 힐데브란트(훗날의 교황 그레고리오 7세)도 있었다.

교황 레오 9세의 개혁의 특징은 유럽 곳곳으로 진출해 교회회의를 열었다는 점이다. 그전의 교황들은 대부분 로마에만 머물렀으며, 교회 회의를 주최하는 일도 없었다. 이와 달리 레오 9세는 스스로 움직이며 개혁에 나섰던 것이다. 레오 9세야말로 바오로 6세, 요한 바오로 2세처럼 제2차 세계대전 후에 세계를 순례하며 가톨릭의 신망과 권위를 부흥시킨 교황들의 선구자적 모델이었다.

노르만족의 남이탈리아 침공

노르만족과의 전쟁이 동로마 제국과의 결별로 이어지다

레오 9세는 로마 교회의 개혁에 나섰지만, 그의 계획은 종교 이념과 상관없는 전쟁에 의해 좌절되었다. 노르만족과의 전쟁 끝에 패배하여 포로가 된 것이다.

바이킹, 즉 노르만족의 습격은 9세기부터 시작되었는데, 그들은 지브롤터 해협을 통과해 지중해까지 진출했다. 그리고 이슬람 세력과 싸우면서 이탈리아반도 남부 시칠리아섬까지 습격했다.

11세기 전반의 이탈리아는 여러 세력이 뒤얽혀 있던 지대였다. 일찍이 동로마 제국(비잔틴 제국)이 이탈리아반도 남부를 제압한 적도 있었지만, 이제 동로마 제국의 지배력은 약해졌고 대신 이슬람 세력이 그 틈을 파고들었다. 이슬람의 파티마 왕조는 시칠리아섬을 통치하기 시작했으며, 교황을 뒷받침하던 신성 로마 제국도 이탈리아에서 세력을 뻗어 나가려 했다. 그런 상황에서 노르만족 세력이 새로 등장한 것이다.

이탈리아반도 남부에서 노르만족 세력이 급격히 늘어나자, 교황 레오 9세는 군사적 대항을 하기로 결심한다. 그리고 1053년, 레오 9세는 군대를 이끌고 노르만족 세력과 전쟁에 나선다.

현대에 와서는 로마 교황을 '평화의 사자'로 부르고 있지만, 중세까지만 해도 달랐다. 역대 교황 중에는 갑옷을 입고 직접 싸웠던 사람도 있었다. 10세기에 등장한 교황 요한 10세는 이슬람 세력과 맞서 싸워 승리를 거두기도 했다.

그러나 교황 레오 9세는 노르만족과의 전쟁에서 패배해 포로가 되고 만다. 그는 후한 대접을 받으며 로마로 귀환했지만, 곧 사망한다.

교황 레오 9세를 포로로 삼은 노르만족 세력은 이윽고 남이탈리아에 정착한다. 로베르 기스카르(*시칠리아섬에 노르만 왕국을 세운 정복자)는 남이탈리아를 제패했고, 그의 남동생 로제르는 시칠리아섬에서 이슬람 세력을 몰아내고 그 땅을 정복했다. 남이탈리아와 시칠리아섬은 12세기에 통합되어 '양 시칠리아 왕국'

이 된다.

　이렇게 노르만족이 남이탈리아에 정착하자, 로마 교황과 노르만족의 관계도 변화했다. 과거에 노르만족은 배척해야 하는 존재였지만, 그들과 공동 투쟁한다는 선택지가 생겼다. 1059년 선출된 교황 니콜라오 2세는 노르만족의 남이탈리아 통치를 인정하는 대신, 그들에게 주종 관계를 맹세하게 한다. 교황은 노르만족 세력과 동맹을 맺고, 신성 로마 황제에 대항할 힘을 손에 넣었던 것이다.

　교황 레오 9세와 노르만족의 전쟁은 로마 교황과 동로마 제국의 관계를 결렬시키기도 했다. 동로마 제국은 교황 레오 9세의 남이탈리아 출병 때문에 이탈리아에서 자국의 권익이 침해받는다고 생각했다. 동로마 제국의 지배력이 약화하여 노르만족이 정착한 뒤에도, 그들은 여전히 남이탈리아를 자신의 소유로 생각했기 때문이다.

　로마 교황과 동로마 제국의 관계는 손쓸 수 없이 험악해져 1054년에는 서로를 파문하는 지경까지 이르렀다.

그레고리오 개혁

신성 로마 황제로부터 자립하고자 한 교황의 개혁

1057년 교회 개혁을 지지했던 신성 로마 제국 황제 하인리히 3세가 사망한다. 그의 자리를 물려받은 것은 겨우 여섯 살에 불과한 하인리히 4세였다. 훗날 교황 그레고리오 7세와 대립하며 '카노사의 굴욕'을 겪게 될 어린 황제, 하인리히 4세에게 로마 교회에 참견할 힘은 없었다.

하인리히 4세가 성인이 되기 전까지는 이른바 신성 로마 황제의 힘의 공백 시대였다. 로마 교황 측은 이를 둘도 없는 기회로 여겼던 듯하다. 로마 교황은 신성 로마 제국 황제의 속박에서 벗어나고자 하는 동시에 독자적으로 교회 개혁을 진행했다. 교회 개혁 자체가 신성 로마 제국으로부터의 자립을 수반했다고 해도 좋다.

개혁과 자립에 나선 것은 교황 스테파노 9세(10세), 니콜라오 2세, 알렉산데르 2세였으며, 그들을 지지한 인물이 힐데브란트(훗날의 그레고리오 7세)였다. 힐데브란트야말로 교회 개혁의 중심인물이었으며, 그로 인해 개혁 운동은 열기를 띠게 되었다. 힐데브란트의 교황명을 따서 이 시대의 개혁을 '그레고리오 개혁'이라고도 한다.

교황은 신성 로마 황제에게서 독립하고자 했다. 스테파노 9세는 교황으로 선임되었을 때, 그 사실을 신성 로마 황제 하인리히 4세에게 알리지 않았다. 이제까지 로마 교황의 선임은 신성 로마 제국의 승인을 거쳐왔는데, 이를 무시한 것이다.

교황 니콜라오 2세 시대의 교황 선거법에서는 '추기경만이 교황을 선출한다'라고 명시하고 있었다. 다른 성직자나 로마 시민은 추인만 가능했다. 신성 로마 황제의 존재를 무시하는 선거법을 통해, 교황은 신성 로마 황제에게서 벗어나 교황 선거의 자립성을 명확히 하고자 했던 것이다.

앞서 말했듯 교황 니콜라오 2세는 남이탈리아 노르만족과의 적대 관계를 동맹 관계로 변화시키기도 했다. 노르만족의 수장이었던 로베르 기스카르는 자신의 영토를 통치하는 최고 권한은 교황에게 있다고 서약했다. 그러나 동맹은 대(對) 신성 로마 제국을 의식한 것일 뿐, 신성 로마 제국으로부터 독립하고자 하는 의지는 여전했다.

이에 비해 신성 로마 제국은 남이탈리아도 자신의 땅으로 여겼기 때문에, 신성 로마 제국 궁정과 주교들은 영토권을 빼앗겼다고 분노했다. 독일의 주교들은 교회 회의를 열고 교황 니콜라오 2세의 폐위를 결정했지만, 효력은 없었다.

신성 로마 황제의 힘의 공백 아래, 교황에 의한 개혁이 진행되며 교황과 신성 로마 황제의 대립은 깊어져 갔다. 그 유명한 '카노사의 굴욕'의 준비가 갖춰진 것이다.

추기경은 과연 어떤 사람일까?

가톨릭에서 로마 교황에 버금가는 지위에 있는 것이 추기경이다. 추기경이라는 이름은 '경첩'에서 유래했다. 교황에게 추기경이란 조직의 경첩 같은 존재였기 때문이다. 경첩은 라틴어로 '카르도(Cardo)'인데, 여기서 추기경을 의미하는 '카디널(Cardinal)'이 탄생했다.

추기경의 임무는 추기경회를 조직하고 로마 교황의 직무를 보좌하는 것만이 아니다. 교황이 사망하면 그들은 '콘클라베(Conclave, 교황 선거 비밀회의)'를 열어 그 안에서 새 교황을 선출했다. 그렇게 볼 때 추기경회는 차기 로마 교황 후보의 집단이라고 봐도 좋을 것이다. 당연히 그들은 여러 파벌로 나뉘어 암투를 벌였다.

추기경을 선택할 권리를 가진 것은 교황이다. 교황은 유능한 주교나 부제, 사제 중에서 추기경을 선택하여 체제를 확립해 나갔다. 연고주의가 만연하던 중세 시대에는 교황이 조카를 추기경으로 임명하

고, 그 조카가 교황이 된 적도 있었다.

추기경을 상징하는 색깔은 진홍색이다. 추기경으로 임명될 때 진홍색 모자를 하사받는데, 이 진홍색 모자는 추기경의 상징이며 여덟 장의 삼각형 비단을 꿰매 이은 밥그릇 모양을 하고 있다. 이때 후드 달린 진홍색 망토도 함께 입는다.

카디널은 영어로 추기경을 의미할 뿐만 아니라 진홍색도 의미한다. 이렇듯 추기경과 진홍색은 아주 밀접한 관계에 있다. 참고로 메이저리그(MLB)의 프로야구단 '세인트루이스 카디널스(Saint Louis Cardinals)'의 카디널도 진홍을 의미하는 카디널이다.

추기경 외에도 고위 성직자에게 주어지는 모자의 색은 모두 정해져 있는데, 사제는 검은색, 주교는 자주색, 추기경은 붉은색이다.

노르만 정복

교황의 권위를 드러내는 역사적 대사건

로마 교황이 신성 로마 제국 황제로부터의 자립과 개혁을 위해 움직이던 시대에 유럽에서는 역사적 대사건이 일어난다. 1066년 노르망디 공 기욤 2세에 의한 잉글랜드 정복, 다시 말해 '노르만 정복The Norman Conquest of England'이었다.

기욤 2세는 프랑스에 정착한 노르만족의 후예이자 기독교인이었다. 그는 원래 프랑스 노르망디의 영주였지만, 바다 건너 잉글랜드를 실력으로 정복하고 윌리엄 1세로 즉위한다. 이것이 노르만 왕조의 시작이며, 이후 영국 왕실은 그의 후손이 되었다.

윌리엄 1세는 노르만 정복에 나서기 전 교황 알렉산데르 2세에게 미리 연락을 취해 허락을 구했다. 그리고 윌리엄 1세가 노르만 왕조를 세운 뒤, 교황 알렉산데르 2세는 윌리엄 1세에게 축복을 내린다.

이는 교황의 권위가 이미 유럽에 정착했다는 증표이기도 했다. 앞서 말했듯 기독교가 자리 잡은 뒤로는 대주교가 국왕에게 기름을 부으며 비로소 국왕은 그 자격을 인정받게 되었다(66페이지 참조). 일개 봉건 영주에 지나지 않았던 윌리엄 1세도 이를 따라, 잉글랜드 국왕이 되기 위해 교황의 승인을 얻고자 했다. 11세기 로마 교황의 권위는 서유럽 구석구석까지 뻗어 나가고 있었다.

카노사의 굴욕

교황 그레고리오 7세에게 완전히 굴복한 신성 로마 황제 하인리히 4세

1073년 이제까지 교회 개혁을 주도해온 힐데브란트가 교황 그레고리오 7세로 선임되어 대대적인 교회 개혁에 나선다. 이는 로마 교황과 신성 로마 황제의 본격 대결의 시작이었다. 1075년 교황 그레고리오 7세는 공의회를 개최하고, 일반인에 의한 성직자 임명을 성직 매매로 간주하여 세속 권력에 의한 성직자 서임을 금지했다.

이러한 서임 금지는 당연히 신성 로마 황제 하인리히 4세에게도 적용되었다. 아무리 황제라고 해도 성직자가 아닌 일반인인 것은 마찬가지다. 앞서 말했듯 독일에서는 제국 교회 정책에 따라 신성 로마 황제가 주교와 수도원장을 임명해왔다(90페이지 참조). 그런데 교황 그레고리오 7세는 제국 교회 정책을 부정하며, 신성 로마 황제 하인리히 4세의 권한을 빼앗으려 한 것이다.

그레고리오 7세는 본격적으로 교회 개혁에 나섰고 교황의 권력을 공고히 하고자 했다. 원래 클뤼니 수도원을 필두로 한 교회 개혁에서는 성직 매매로 인해 지위를 얻은 성직자만 비난의 대상이 되었다. 그러다 그레고리오 7세의 개혁으로 인해, 성직자를

임명하는 황제마저 표적이 된 것이다.

　돌이켜보면 11세기에 로마 교회의 개혁을 지원한 것은 하인리히 4세의 아버지인 신성 로마 황제 하인리히 3세였다. 그의 주도 하에 교황 레오 9세 때부터 교황에 의한 교회 개혁이 시작되었다.

성 앞에 선 하인리히 4세(왼쪽).
사흘간 맨발로 단식하며 용서를 구했다고 한다.

　　　　　　하인리히 3세 시대에는 교황과 신성 로마 황제가 같은 이상을 꿈꾸었지만, 개혁을 통해 힘을 얻은 교황은 이상에 치우치게 되었다. 하인리히 3세가 사망한 뒤 그레고리오 7세가 바라던 것은 교황이 신성 로마 황제로부터 독립하는 것, 그리고 황제의 권한까지 빼앗을 수 있을 정도의 철저한 교회 개혁이었다.

이제까지 신성 로마 황제의 비호를 받았던 교황은 이제 황제를 다스리는 쪽이 되고자 했다. 남이탈리아의 노르만족 세력을 자기편으로 끌어들인 것도 교황에게 힘을 실어주었다. 황제 하인리히 3세 주도하에 시작된 로마 교회 개혁은 황제의 권한을 위태롭게 할 정도가 되었다.

교황 그레고리오 7세에게 서임 금지 통보를 받았을 때, 신성 로마 황제 하인리히 4세는 스물두 살이었다. 봉건 제후를 통솔해야 하는 황제로서, 성직 서임권을 그리 쉽게 교황 그레고리오 7세에게 넘길 수는 없었다. 하인리히 4세는 보름스에 주교들을 모으고, 교황 그레고리오 7세를 폐위하기로 했다.

그러자 그레고리오 7세는 공의회를 열어 황제 하인리히 4세를 파문에 처했다. 궁지에 몰린 것은 하인리히 4세 쪽이었다. 독일의 제후들은 파문당한 하인리히 4세를 황제로 섬겨야 하는지를 놓고 의견이 분분했다. 결국 그들은 파문당한 지 1년 안에 그레고리오 7세가 사면해주지 않으면, 하인리히 4세를 퇴위시키기로 결정했다.

독일의 왕은 기본적으로 선거로 결정된다. 선거제인 이상, 하인리히 4세는 제후의 결정을 무시할 수 없었다. 그가 독일의 왕,

신성 로마 황제로 있으려면 교황 그레고리오 7세에게서 사면을 받아야만 했다.

1077년 황제 하인리히 4세는 교황 그레고리오 7세가 머무는 북이탈리아 카노사로 향한다. 하인리히 4세는 성 밖에서 사흘간 서서 반성의 뜻을 표하고서야 간신히 용서를 받았다.

이것이 '카노사의 굴욕'이다. 황제에게는 굴욕이었지만, 교황 입장에서는 '카노사의 영광'이었을 것이다. 이제까지 교황은 신성 로마 황제의 뜻에 굴복할 수밖에 없는 처지였다. 하지만 카노사에서는 천하의 황제를 비참한 모습으로 용서를 구하게 만든 것이다. 이는 로마 교황의 힘이 신성 로마 황제를 능가한 순간이기도 했다.

황제 하인리히 4세의 반격
교황과 신성 로마 황제의 대결 제2라운드는 황제의 역전승으로 끝나다

신성 로마 황제 하인리히 4세를 굴복시킨 '카노사의 굴욕'은 사실 로마 교황과 황제의 대결 제1라운드에 불과했다. 두 사람은 곧 제2라운드를 치르게 된다.

하인리히 4세가 진심으로 교황 그레고리오 7세에게 굴복했던 것은 아니다. 그는 독일의 주교와 제후들을 자기편으로 끌어들여 반격을 시작했다. 교황 그레고리오 7세와 황제 하인리히 4세는 다시 대립한다.

1080년 그레고리오 7세는 또다시 하인리히 4세를 파문한다. 하지만 이번엔 파문이 결정타가 되지 않았다. 하인리히 4세는 독일 국내에서 구심력을 키워왔고, 교황 그레고리오 7세의 폐위를 선언한 후 대립 교황(*로마 가톨릭교회에서 교황이 2명 이상인 경우, 합법적인 교황과 대치점에 있던 상대편 교황)으로 클레멘스 3세를 옹립했다.

이때부터 하인리히 4세는 군사 행동에 나선다. 1084년 하인리히 4세는 대립 교황 클레멘스 3세와 함께 로마로 진군한다. 위기가 닥치자 교황 그레고리오 7세는 남이탈리아를 지배하던 노르만 세력의 수장 로베르 기스카르에게 의지한다. 하인리히 4세의 군대가 로마에서 철수한 뒤, 로베르 기스카르의 군대는 로마로 향했다.

이때 로베르 기스카르의 군대는 로마 시내에서 약탈과 방화를 저지르는 등 폭거를 행했다. 이것이 로마 시민의 반감을 샀고, 그 반감은 로베르 기스카르의 군대를 부른 교황 그레고리오 7세에게 그대로 향한다.

로마에 있을 수 없게 된 교황 그레고리오 7세는 노르만족의 세력하에 있는 살레르노로 망명했고, 그곳에서 사망한다. 로마 교황과 신성 로마 황제의 대결 제2라운드는 황제의 역전승으로 끝난 것이다.

다만 교황과 황제의 대결은 제2라운드에서도 결판이 나지 않았다. 그레고리오 7세가 사망한 후에도 로마 교회의 개혁파 세력은 그레고리오 7세의 유지를 계승하며 하인리히 4세와 대립했기 때문이다.

하인리히 4세도 물러나지 않았다. 로마 교회가 그레고리오 7세의 유지를 잇는 개혁 교황을 선출했듯이, 하인리히 4세도 대립 교황을 차례차례 옹립했다. 대립 교황 클레멘스 3세가 즉위하고 나서부터 약 반세기 가까이, 유럽에는 2명의 로마 교황이 공존하는 시대가 이어진다.

제2라운드에서 승리를 거두었던 하인리히 4세도 만년에는 승자라고는 할 수 없게 되었다. 아들 하인리히 5세에게 배반당해 고독한 죽음을 맞은 것이다.

교황 우르바노 2세의 십자군

십자군 성공이 교황의 권위를 절정으로 끌어올리다

로마 교황과 신성 로마 황제가 성직 서임권을 두고 대립하던 11세기 말, 로마 교황의 권위는 하락하기는커녕 확실하게 상승한다. 교황 우르바노 2세가 중동에 십자군을 파병했기 때문이다.

우르바노 2세는 추기경들의 손에 선출된 개혁파 교황이었다. 그가 교황으로 선택되었을 무렵, 신성 로마 황제 하인리히 4세는 여전히 건재했으며 로마에는 하인리히 4세가 옹립한 클레멘스 3세가 있었다. 교황 우르바노 2세는 로마에서 잠시 퇴각해야 했지만, 이내 힘을 얻어 로마로 복귀했다.

1096년 교황 우르바노 2세는 프랑스 중부의 클레르몽에서 종교 회의를 연다. 우르바노 2세는 성지 예루살렘을 탈환하기 위해 십자군(중동 십자군)을 파견할 것을 주장했으며, 열광적인 지지를 얻었다.

클레르몽 회의에 있던 청중은 '신께서 원하신다'라는 말을 듣고 감격에 겨워 고양되었다.

십자군은 동로마(비잔틴) 황제 알렉시오스 1세의 요청으로 인해 시작되었다. 당시 중동에서는 강대해진 셀주크 왕조가 동로마 제국을 압박하고 있었다. 황제 알렉시오스 1세는 교황 우르바노 2세에게 접근해 유럽의 왕과 제후들의 중동 파견을 요청했고, 우르바노 2세는 이에 응했다.

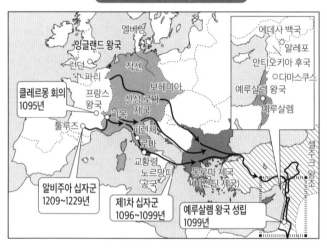

십자군 원정

교황 우르바노 2세에게는 속셈이 있었다. 당시 우르바노 2세는 성직 서임권 투쟁에서 하인리히 4세와 대립했기에 그를 압박할 필요가 있었다. 교황이 유럽의 황제와 왕들에게 명령하여 십자군을 조직하면, 교황이 그들보다 우위에 있다는 사실을 전 유럽에 증명할 수 있다. 즉 자신의 권위를 높여서 황제 하인리히 4

세와의 경쟁에서 이기려고 한 것이다.

그리고 한 걸음 나아가 동로마 황제보다 우위에 서고자 하는 마음도 있었다. 교황은 동로마 제국 황제의 비호 아래 있는 만큼, 교황이 동로마 황제를 뛰어넘을 수는 없었다. 하지만 십자군을 성공시키면 로마 교황이 동로마 황제보다 우월하다는 것을 증명하고, 동방 정교회까지 통합할 수 있을 것 같았다.

우르바노 2세가 주장한 십자군은 그의 예상보다 훨씬 더 교황의 지위를 상승시켰다. 제1차 십자군에는 황제나 국왕이 참가하지 않았지만, 유럽의 제후와 기사들이 중동으로 향했다.

그들은 승리감에 도취되어 있었다. 이제까지 유럽은 늘 외세의 침공에 시달려 왔다. 9세기 이후로는 줄곧 노르만족의 습격을 두려워해야 했고 이슬람 세력은 이탈리아를 공격했으며 동방에서는 마자르족이 쳐들어왔다. 그러나 오랫동안 위축되어 있던 유럽이 드디어 반격하여 세력을 확장할 기회가 온 것이었다.

제1차 십자군은 엄청난 손해를 입었지만 성공했다. 성지 예루살렘을 탈환하여 예루살렘 왕국을 세웠다는 사실에 유럽은 도취되었다. 제후들을 통솔하여 전례 없는 유럽의 승리를 이끈 것은 교황이었다. 유럽인들은 교황에게 깊은 존경심을 품었고, 교황의 권위는 절대적이 되었다.

로마 교황에게 십자군은 이제까지 없는 성공담이자 하나의 성공 모델이었다. '신의 적'을 쓰러뜨린다는 종교적 열광이 교황의 권위를 드높인다는 사실을 깨달았기 때문이다.

그리고 십자군 후에 로마 교황은 또 하나의 수확을 얻었다. 십자군 파병으로 인해 유럽 각국의 교회령이 증가했던 것이다.

십자군으로 출전하는 것은 자가 부담으로 이루어졌다. 봉건 제후들이 자력으로 군사비를 대려면 자신이 소유한 토지를 팔아야 했는데, 그 땅을 사들일 곳은 교회 정도밖에 없었다. 그 당시 가장 많은 자금을 보유한 곳은 교회였기 때문이다. 이렇게 교회가 봉건 영주들에게서 토지를 사들일 때마다 교회령은 점차 늘어 갔다.

교회령에서 농사를 지으면 그 수익 또한 교회에 들어왔다. 더구나 유럽 곳곳에서는 십자군 수행을 위해 별도의 세금까지 징수했다. 이렇게 해서 로마를 정점으로 한 교회는 유럽 제일의 부자가 되어 영향력을 키워갔다.

로마 교회가 얼마나 큰 부자였는지는 1522년 독일 뉘른베르크의 국회 기록이 증명하고 있다. 그 기록에 따르면 독일 총소득의 3분의 2를 로마 교회가 차지했다고 한다. 또 어떤 인물의 계산에 따르면 프랑스 총소득의 3분의 2도 로마 교회의 차지였다고 한다. 이 기록들이 과장되었다는 설도 있지만, 로마 교회가 유럽 각국의 토지를 잠식하며 막대한 수입을 얻었던 것은 사실이다.

그 후로도 로마 교황은 종종 십자군 원정을 주장했는데(중동 십자군은 7차례나 파병했다), 이는 교황 자신의 권위를 높이고 교회를 확장시키려는 목적이기도 했다.

보름스 협약

성직 서임권 투쟁이 끝을 맺고, 그레고리오 개혁의 목적도 달성하다

로마 교황 그레고리오 7세와 신성 로마 황제 하인리히 4세 사이에서 시작된 성직 서임권 투쟁은 두 사람이 죽은 뒤에도 끝나지 않았다. 하인리히 4세의 뒤를 이은 신성 로마 황제 하인리히 5세는 즉위 전까지는 아버지의 방식에 부정적이었지만, 왕위에 오르자마자 아버지의 생각을 그대로 답습했다. 신성 로마 황제의 권한을 로마 교황에게 물려주게 되면 자신의 통치력이 약화될 것이라고 생각했기 때문이다.

하인리히 5세는 아버지가 그랬듯이 대립 교황을 옹립하고, 개혁파 로마 교황과 다투었다. 마치 그레고리오 7세와 하인리히 4세의 대결을 그대로 재현한 듯한 양상이었다.

가장 먼저 황제 하인리히 5세과 대립한 것은 교황 파스칼 2세였다. 처음에는 서로가 화해와 타협에 나서는 듯했다. 신성 로마 제국 황제가 성직 서임권을 포기하는 대신 교황이 신성 로마 제국 내의 영토를 포기한다는 협정을 맺었지만, 하인리히 5세는 곧 생각을 바꾸었다. 그는 교황 파스칼 2세와 추기경단을 잡아들이고 협박해서 협정을 무효화시켰다. 파스칼 2세는 황제 하인리히 5세를 파문했지만, 아무 소용도 없었다.

파스칼 2세에 이어 선출된 교황 젤라시오 2세는 황제 하인리히 5세의 승인을 얻지 않았다. 하인리히 5세는 이를 책망하며 부하를 로마에 보내고 젤라시오 2세를 감옥에 가두었다. 젤라시오 2세는 폭행까지 당했다.

그 후 젤라시오 2세는 시민의 도움으로 풀려났지만, 하인리히 5세의 군대가 추격해 오자 로마를 탈출할 수밖에 없었다. 마침내 프랑스까지 쫓겨 내려온 젤라시오 2세는 클뤼니 수도원에서 사망한다.

이렇게 개혁파의 로마 교황들은 황제 하인리히 5세에게 잇따라 폭력과 굴욕을 당했다. 성직 서임권 투쟁은 난장판이 되었지만, 1122년 보름스 협약으로 일단은 종결된다. 보름스 협약을 맺은 것은 황제 하인리히 5세와 교황 갈리스토 2세였다. 두 사람은 타협할 수밖에 없었다.

보름스 협약은 영적 권위와 세속적 권리의 분리에 바탕을 두었다. 그래서 영적 권위의 상징인 반지와 지팡이는 로마 교황이 성직자에게 하사하고, 세속적 권리의 상징인 홀은 신성 로마 제국 황제가 성직자에게 하사하기로 결정한다.

문제는 영적 권위와 세속적 권리 중 어느 쪽을 우선하느냐였다. 여기서 독일과 이탈리아가 엇갈리게 된다. 이탈리아에서는 교황이 먼저 영적 권위를 부여하고 다음으로 황제가 세속적 권리를 부여하기로 했다. 다시 말해 교황이 먼저 성직자를 선발하고, 그다음에 황제에게 서임을 받기로 한 것이다.

반면 독일에서는 황제가 우선 세속적 권리를 부여하고, 이어서 교황에 의한 영적 권위를 부여하기로 했다. 황제가 먼저 성직자를 임명하면 교황은 그중에서만 서임할 수 있었다.

신성 로마 황제 하인리히 5세가 타협할 수밖에 없었던 이유는 로마 교황의 권위가 높아지는 바람에 도저히 거스를 수 없었기 때문이다. 그간 서유럽의 흐름을 보았을 때 저항은 불가능했다.

성직 서임권 문제는 신성 로마 제국뿐만 아니라 프랑스나 잉글랜드에서도 이미 논란이 되었고, 이때도 두 나라의 국왕과 교황은 일찍이 타협을 맺었다. 프랑스는 아직 왕권이 취약했고 잉글랜드는 로마에서 너무 멀었기 때문이었다.

어쨌든 프랑스와 잉글랜드에서 타협이 성립한 이상, 신성 로마 황제만 예외가 될 수는 없었고 하인리히 5세는 꺾일 수밖에 없었다.

보름스 협약은 형식적으로는 로마 교황의 승리이기도 했다. 완강했던 황제 하인리히 5세를 마침내 타협으로 이끌었기 때문이다.

긴 안목으로 볼 때 '그레고리오 개혁'이라 불리는 일련의 교회 개혁으로 인해, 사유 교회 제도는 더 이상 존재할 수 없게 되었다. 봉건 영주가 교회를 마음대로 할 수 없게 되었으니 그레고리오 개혁의 목적은 거의 달성된 셈이고 교황이 승리했다고 볼 수 있다.

다만 양보한 하인리히 5세도 실질적으로 잃은 것은 없었다. 독일에서는 성직 서임권이 유지된 것이나 마찬가지였기 때문이다. 애초에 교황 그레고리오 7세와 황제 하인리히 4세의 충돌은 독일의 성직 서임권을 둘러싼 것이었다. 하인리히 5세는 교황과의 타협에서 이를 끝까지 지켜냈기에, 어떻게 보면 하인리히 5세도 승자였다고 할 수 있다.

바르바로사의 압력

왜 황제 프리드리히 1세는 이탈리아 제패에 나섰는가?

보름스 협약을 맺으며 겉으로는 로마 교황과 신성 로마 황제가 화해한 것 같았지만, 양측의 긴장 상태가 누그러진 것은 아니었다. 보름스 협약 후에도 신성 로마 황제는 여전히 이탈리아의 영지에 야심을 품은 채 교황과 대립했다.

대표적인 예가 1152년 즉위한 호엔슈타우펜 왕조의 황제 프리드리히 1세다. '바르바로사Barbarossa(붉은 수염)'라는 별명으로도 잘 알려진 프리드리히 1세는 여섯 차례나 이탈리아 원정을 떠난 황제이기도 했다.

바르바로사라는 이탈리아어 이름만 봐도 알 수 있듯이, 이탈리아인들은 이탈리아 정책에 집착하는 프리드리히 1세 때문에 난감해했다.

바르바로사가 이탈리아 영지에 집착한 것은 개인적인 성향도 있었겠지만, 영토욕을 자극당했기 때문이기도 하다. 이 시기에는 이미 십자군 전쟁이 시작된 상태였다. 제1차 십자군에 의한 예루살렘 왕국 건국은 유럽의 왕들에게 외부 세계로 진출한다는 야망을 심어주었다. 이제까지 종종 수세에 몰렸던 유럽의 왕들은 판도를 뒤집어 영토를 찬탈하고자 하는 꿈을 꾸게 되었다.

　더구나 바르바로사 프리드리히 1세는 신성 로마 황제였다. 이 무렵 로마 교황의 권위는 상승하다 못해 신성시되고 있었다. 그렇다면 '신성 로마 제국'도 로마 교황에게 지지 않기 위해 신성해져야만 했다.

　실제로 신성 로마 제국의 '신성'이라는 호칭은 바르바로사 시대에 시작되었다. 그는 자신의 제국을 '신성 제국'이라 부르며 교황에 대항할 수 있었던 세속의 제왕이었다.

　바르바로사의 신성 제국의 목표는 영토를 확장하는 것이었다. 그는 과거의 로마 제국을 재현시키기 위해 먼저 이탈리아를 제패하고자 했다.

　황제 바르바로사와 대립한 교황은 많지만, 그중에서도 가장 첨예하게 대립한 상대는 교황 알렉산데르 3세였다. 알렉산데르 3세는 바르바로사의 야망을 저지하기 위해 계획적으로 움직였고, 이에 분노한 바르바로사는 차례로 대립 교황을 옹립했다. 알렉산데르 3세 시대에는 4명이나 되는 대립 교황이 등장한다.

　실제로 교황 알렉산데르 3세는 바르바로사의 야망을 저지하는 데 성공하기도 했다. 알렉산데르 3세는 북이탈리아에서 바르바로사에 반대하는 '롬바르디아 도시 동맹'을 결성했고, 1176년

롬바르디아 동맹군은 레냐노 전투에서 바르바로사의 군대를 격파했다.

그래도 바르바로사는 차근차근 이탈리아 제패의 발판을 구축해 나갔다. 그는 아들 하인리히(훗날의 하인리히 6세)와 시칠리아 왕의 상속인 콘스탄체를 결혼시켰다. 이 책략은 바르바로사의 사후에 결실을 본다. 시칠리아 왕 윌리엄 2세가 사망한 후, 콘스탄체의 남편인 황제 하인리히 6세가 드디어 시칠리아 왕이 되었던 것이다.

이렇게 신성 로마 황제는 이탈리아를 지배하기 위해 시칠리아 섬이라는 무기를 손에 넣었다. 하인리히 6세의 아들 프리드리히 2세의 시대가 되자, 신성 로마 황제의 이탈리아 지배력은 더욱 강해지며 교황을 위협했다.

바르바로사의 영토욕은 제3차 십자군에 참가했다는 것만 봐도 알 수 있다. 바르바로사는 교황과 화해하고 중동으로 향했지만, 사고로 그만 죽고 만다.

십자군 파탄

십자군의 잇따른 실패로 인해, 교황의 권위 상승도 한계에 부딪치다

유럽을 열광시킨 제1차 십자군에 이어서 1147년부터 제2차 십자군이 시작된다. 제2차 십자군은 중동에서의 열세를 만회하려 했다.

제1차 십자군에서 탈환한 에데사 백국은 그 후 이슬람 세력에 다시 빼앗기고 말았으며, 안티오키아 후국도 위태로워졌다. 그래서 로마 교황 에우제니오 3세는 제2차 십자군을 일으키기로 했다.

제2차 십자군에서는 처음으로 유럽의 국왕급이 참전했다. 바로 신성 로마 황제 콘라트 3세와 프랑스 국왕 루이 7세다. 하지만 제2차 십자군은 아무런 성과도 거두지 못하고 실패로 끝난다.

그 후 이집트에서는 살라딘Ṣalaḥ ad-Dīn(살라흐 앗딘)이 아이유브 왕조를 세우고, 1187년 예루살렘을 탈환한다. 위기를 맞은 교황 클레멘스 3세는 제3차 십자군을 조직하게 된다.

1189년 시작된 제3차 십자군에서는 신성 로마 황제 프리드리히 1세(바르바로사), 프랑스 국왕 필리프 2세, 잉글랜드 국왕 리처드 1세 등 유럽 최상위급의 황제와 국왕이 한자리에 모였다. 그럼

에도 불구하고 제3차 십자군 역시 실패한다. 앞서 말했듯이 프리드리히 1세는 사고사했으며, 필리프 2세는 리처드 1세와 사이가 틀어지는 바람에 결국 예루살렘 탈환은 이루어지지 않았다.

국왕이 참가한 십자군의 연이은 실패는 유럽에 실망을 안겨주었다. 그 실망은 로마 교황에 대한 실망이 되고, 교황의 권위 상승은 한계에 부딪치게 되었다.

또한 십자군 원정으로 인해 중동에서는 기사 수도회(*중세의 기사 정신과 수도회 정신을 결합하여 성지 경비, 순례자 보호, 이교도 정벌 등의 임무를 맡았던 종교 기사단)가 결성되었다. 제1차 십자군 때는 템플(성당) 기사단과 요한네스 기사단이 탄생했으며, 제3차 십자군 때는 독일 기사 수도회(독일 기사단)가 조직되었다.

그들은 중동 십자군이 교착 상태를 보이자 유럽으로 귀환한다. 그러는 동안 독일 기사 수도회는 북방 십자군(발트 십자군)으로 나서서 독일의 영역을 동쪽으로 넓혀가게 된다.

교황 인노첸시오 3세
강한 권력을 휘둘러 세 명의 황제와 왕을 파문하다

로마 교황의 절정기는 1198년 선출된 교황 인노첸시오 3세 때였다. 교황 그레고리오 7세만큼 투쟁적이지는 아니었지만, 인노첸시오 3세는 강한 권력을 휘둘렀고 유럽의 황제와 왕을 지배하고자 했다.

인노첸시오 3세는 세 명의 황제와 왕을 파문에 처하고, 신성 로마 제국 황제의 자리도 직접 결정했다. 신성 로마 황제 하인리히 6세가 사망했을 때, 인노첸시오 3세는 하인리히 6세의 아들 프리드리히(훗날의 프리드리히 2세)의 후견인이 되었다. 하지만 인노첸시오 3세는 프리드리히를 곧장 황제로 삼지 못하고 망설였다. 프리드리히가 두려울 정도의 재능을 가졌다는 사실을 알고 있었기 때문이다.

결국 인노첸시오 3세는 오토 4세를 지지하여 그를 억지로 제위에 앉혔다. 그러나 오토 4세가 이탈리아를 침략하자, 분노한 인노첸시오 3세는 오토 4세를 파문하고 폐위시켰다. 어쩔 수 없이 인노첸시오 3세는 두려운 재능을 가진 프리드리히 2세를 대신 왕좌에 앉힐 수밖에 없었다. 훗날 교황은 프리드리히 2세에게 휘둘리게 된다.

이제까지 교황은 신성 로마 황제에게 심한 위협을 당해 왔다. 하지만 교황 인노첸시오 3세는 신성 로마 황제의 자리를 자기 마음대로 바꿀 수 있는 권위와 정치적 역량을 가지고 있었다. 그는 '가톨릭 세계의 심판자'로 행동했다.

인노첸시오 3세는 프랑스와 잉글랜드로 정치적 손길을 뻗어 그들을 주의 깊게 살폈다. 프랑스에서는 국왕 필리프 2세가 이혼 문제로 소동을 일으키며 인노첸시오 3세에게 파문을 당했다. 잉글랜드에서는 국왕 존이 캔터베리 대주교 임명 문제를 놓고 다투다 파문당했다. 존은 인노첸시오 3세에게 완전히 굴복할 수밖에 없었다.

또한 인노첸시오 3세 때부터 교황은 세속 영주로서 지배 영역 확장에 나서기 시작했다. 인노첸시오 3세가 로마 외곽 지역을 교황령으로 포함시키면서 로마 교황의 국가가 탄생하기 시작한 것이다.

다만 인노첸시오 3세도 전능하지는 않았다. 인노첸시오 3세는 제4차 십자군을 창설했는데 이 십자군은 예루살렘으로 가지 않았다. 베네치아의 책략에 의해, 십자군은 동로마 제국(비잔틴 제국)의 수도였던 콘스탄티노플을 습격하여 라틴 제국을 건설한다. 당시 베네치아는 지중해 교역을 둘러싸고 동로마 제국과 대립하고 있었는데, 여기에 십자군을 이용한 것이다.

라틴 제국은 곧 무너지기는 했지만, 인노첸시오 3세는 라틴 제국을 승인할 수밖에 없었다.

프란치스코 수도회와 도미니코 수도회
교황 인노첸시오 3세의 절정을 뒷받침한 새로운 수도회

최강의 교황이 된 인노첸시오 3세의 권세와 영광을 뒷받침한 것은 신흥 수도회였다. 클뤼니 수도회는 이미 교회 개혁에 성과를 보였고, 11세기에는 프랑스 중부 시토Citeaux에 설립된 시토회가 있었다.

13세기 초에는 이탈리아 아시시의 프란치스코가 프란치스코 수도회를 조직하고 1210년 인노첸시오 3세의 인가를 얻었다. 인노첸시오 3세의 만년에는 도미니코 데구스만이 도미니코 수도회를 창설한다.

프란치스코 수도회와 도미니코 수도회의 특징은 탁발 수도회(*모든 재산을 포기하고 청빈을 실천하는 수도회)였다는 점이다. 두 수도회의 수도사들은 수도원에 틀어박히지 않고, 거리에 나가서 사람들에게 설교를 하고 헌금을 받아 생활했다.

인노첸시오 3세가 프란치스코 수도회와 도미니코 수도회를 지원한 이유는 두 수도회를 적으로 돌리고 싶지 않았기 때문이었다. 두 수도회는 청빈을 중시해서 가난한 자를 도우라고 설파했다. 금욕주의자인 그들이 과격해지면 교회 개혁에 앞장서 교황과 대결하려 할지도 모른다. 그보다는 두 수도회를 같은 편으로 끌어들여서 그들에게 교황의 권위를 확장시키는 역할을 맡기는 편이 낫다고 판단한 것이다.

프란치스코 수도회는 각 지역 주교들의 허가를 얻지 않고도 설교할 수 있었다. 도미니코 수도회는 훗날 '교황의 개'로 야유당할 정도로 교황에게 충성했으며, 이단과 맞서 싸우는 역할도 했다.

두 탁발 수도회는 로마 교황의 직속 친위대나 마찬가지였으며, 유럽 각지에서 교황의 권위를 드높이기 위해 활동했다.

알비주아 십자군

이교도도 아닌데 왜 탄압을 당했는가?

1208년 로마 교황 인노첸시오 3세는 알비주아 십자군(알비 십자군)을 창설한다. 알비주아 십자군은 이단인 '카타리파'를 척결하기 위해 만들어졌으며, 1209년부터 약 20년간 이어졌다.

12세기부터 13세기 초까지 기독교에서는 프란치스코 수도회나 도미니코 수도회 같은 탁발 수도회가 나타나는 한편, 이단도 등장했다. 먼저 12세기 후반에는 '리옹의 빈자'라고 불리던 발도(원래 대상인이었지만 회심해서 사유 재산을 버리고 탁발 수도사가 되었다)가 청빈을 외치며 신자를 모았다. 그들은 '발도파'라고 불렸다. 발도파는 남프랑스와 북이탈리아로 뻗어 나가 동유럽까지 전파되었다.

12세기경 탄생한 카타리파도 서유럽에서 신자를 계속 늘려나가고 있었다. '카타리'란 그리스어로 '청정한 자'라는 의미다. 카타리파는 페르시아에서 탄생한 마니교(*조로아스터교, 기독교, 불교에 바빌로니아의 원시 신앙을 가미한 영지주의 종교로 3세기에서 7세기까지 성행하였다)의 영향을 받았기에 엄밀히 말하면 기독교에서 벗어났다고도 할 수 있다. 카타리파는 금욕을 엄격히 강조했으

기독교로 읽는 세계사 - 바티칸은 어떻게 역사에 군림했는가

며, 프랑스의 툴루즈, 알비 지방에서 번성했기 때문에 '알비파'라고 부르기도 했다.

발도파도 카타리파도 청빈을 중시한다는 점에서는 프란치스코 수도회나 도미니코 수도회와 상통했다. 하지만 프란치스코 수도회와 도미니코 수도회가 로마 교황의 보호를 받은 것과 달리, 발도파와 카타리파는 이단이라며 탄압당했다.

왜냐하면 발도파와 카타리파는 로마 교회를 비판했기 때문이다. 로마 교황의 권위가 높아지던 무렵, 로마 교황과 로마 교회는 호화로운 모습을 보였다. 이는 교황의 타락으로 보이기도 했다. 청빈과 금욕을 중시하는 발도파와 카타리파는 아무리 교황이라도 그리스도의 진정한 가르침과 위배된다고 판단하면 비판하지 않을 수 없었다.

카타리파 문제에 먼저 뛰어든 것은 도미니코 수도회였다. 도미니코 수도회의 수도사들은 프랑스 남서부로 가서 카타리파 신자들을 개종시켰다. 교황 인노첸시오 3세는 그런 카타리파의 활동에 영향을 받아 알비주아 십자군을 결심한 것이다.

알비주아 십자군은 인노첸시오 3세의 예상보다 훨씬 처참하게 카타리파를 학살했다. 이는 현대에 와서 인노첸시오 3세의 최대의 오점으로 평가받는다.

알비주아 십자군이 무자비한 학살을 행했던 것은 참가한 병사들의 목적이 약탈이었기 때문이기도 하지만, 카타리파를 '신의 적'으로 여겼던 이유가 크다. 당시의 봉건 영주나 기사는 너무나도 무지했다. 교황으로부터 '이단'으로 규정되면 현세의 질서를 무너뜨릴 불길한 집단이니 말살해야 한다고 생각했던 것이다. 당시 보통 사람들의 감각은 그랬다.

알비주아 십자군의 행동은 오늘날의 시선으로 보면 만행에 지나지 않지만, 당시에는 종교적 사명이자 강한 정의감에서 나온 행동으로 여겼다. 그래서 훗날 이단 심문이 시작된다.

유대인 박해

나치의 '다비드의 별'로 이어지는 기독교의 불관용과 차별 의식

로마 교황의 절정기였던 인노첸시오 3세 무렵부터는 기독교의 불관용은 노골적이 되어갔다. 원래도 기독교는 비기독교인에게 배타적인 면이 있었다. 카롤루스 대제 때에도 이교도를 강제로 개종시키긴 했지만, 교황의 권위가 높아지면서 그 배타성이 더욱 심해졌다.

기독교로 읽는 세계사 - 바티칸은 어떻게 역사에 군림했는가

전형적인 예가 1215년 인노첸시오 3세가 주최한 제4회 라테라노 공의회였다. 이 회의에서는 유대인과 무슬림은 기독교인과 구별된 옷을 입어야 한다는 결정을 내렸다. 이는 기독교 신자가 속아서 유대인이나 무슬림과 결혼하는 실수를 저지르지 않게 하기 위한 것이었다.

이 결정에 따라 독일과 프랑스에서 유대인은 원형의 노란 배지를 달아야 했고, 이탈리아에서는 노란 모자(초기에는 붉은색)의 착용이 의무화되었다.

이는 유대인과 무슬림에 대한 명백한 차별이었다. 기독교인이 유대인이나 무슬림과 결혼하는 것을 부정하다고 낙인찍고, 언제든 박해할 수 있게끔 배지와 모자를 착용시켰기 때문이다. 이렇게 교황 인노첸시오 3세 시대부터 불관용은 단계적으로 확대되었다.

기독교의 역사에서 유대인을 향한 적개심은 중세에 처음 시작된 이야기가 아니다. 초기부터 이미 그랬다. 예수를 죽이라고 주장한 것은 로마인이 아니라 유대인이었다. 예수 자신도 유대인이었지만, '예수를 죽인 자'였던 유대인은 기독교인의 증오의 대상이 되었다.

중동으로 떠난 십자군 기사들이 죽였던 것도 무슬림만이 아니었다. 유대인 역시 살상의 대상이었고, 십자군 기사들 앞에서 유대인은 기독교로 개종하든지 죽든지 둘 중 하나를 선택해야만 했다.

중세 이후, 유럽에서는 가는 곳마다 유대인 박해가 시작되었다. 흑사병이 창궐했을 때는 유대인이 우물에 독을 풀었다는 소문이 퍼지며 유대인이 박해의 대상이 되었다. 이러한 박해는 나치 히틀러에 의한 유대인 대학살(홀로코스트)로까지 이어졌다. 나치 독일에서는 유대인의 집에 유대인의 상징인 '다비드의 별'을 새겨 넣었고, 다비드의 별이 있는 집은 독일인에게 습격의 대상이 되었다. 이러한 차별은 기독교의 불관용과 차별 의식에서부터 시작되었다.

이단 심문
일류 교양인조차도 이단을 적시하고 탄압했다

교황 인노첸시오 3세 때부터 격화된 종교적 불관용은 이단 심문이라는 기괴한 형태로 나타났다. 이단 심문은 알비주아 십자군의 섬멸전에서 시작되었다.

1229년 로마 교황 그레고리오 9세는 프랑스 툴루즈에서 열린 공의회에서 '이단 척결은 모든 기독교인의 의무'라고 선언하고, 이단 심문 제도를 확립했다. 또한 툴루즈에 이단 심문소를 설치하고 이단을 화형에 처하기로 결정했다.

이단 심문의 대상이 된 것은 카타리파 잔당이었다. 그레고리오 9세는 카타리파를 이 세상에서 없애겠다는 강한 결의를 가지고 이단 심문 제도를 추진했다. 이단 심문소와 연계한 것은 도미니코 수도회였다. 전부터 카타리파 신자를 개종시키던 도미니코 수도회가 결국 이단 심문의 선두에 나선 것이다.

이단 심문은 시대가 흐를수록 과격해졌다. 교황 인노첸시오 4세 때는 이단 심문에서 고문도 인정한다는 칙서를 발표했다. 과거의 로마 교회는 고문을 금지했으며, 고문에 의한 자백을 인정하지 않았던 시기도 있었다. 그러나 이제 로마 교회는 비폭력 방침을 벗어던지고 이단 사냥을 시작한 것이다.

이단을 적시했던 것은 기독교인들이 무분별한 야만적 집단이어서가 아니었다. 로마 교회에는 당대 굴지의 지식인들이 속해 있었다. 하지만 그런 지식인일수록 이단을 두려워했고 박해에 나섰다. 13세기의 저명한 신학자 토마스 아퀴나스 같은 덕망 높은 인물조차도, 이교도의 자유는 인정하지만 이단은 사형에 처해야 한다고 못 박을 정도였다.

'중세의 기적'이라고 불릴 정도의 교양인이던 신성 로마 황제 프리드리히 2세도 마찬가지였다. 그는 무슬림과 유대인을 이해하며 수준 높은 교류를 나누었으면서도 정작 이단은 탄압했다. 이성적인 판단을 떠나서 이단을 부정하게 여겨 적대시했던 것이다.

그 배경에는 로마 교황을 정점으로 한 기독교 사회의 '히에라르키(*성직자의 세속적인 지배 제도)'의 경직이 있었다. 성직자가 세속적 권력을 장악하고 교황을 오류가 없는 절대적 존재로 추앙하면, 그 틀에서 벗어나는 조직이나 비판적인 목소리를 내는 자는 무조건 박해의 대상이 된다.

이 점은 20세기의 공산주의 사회, 특히 소련을 보면 알기 쉽다. 소련은 대중과 노동자에 의한 평등한 사회를 칭송했지만, 실제로는 소련 공산당을 정점으로 한 사회주의 히에라르키를 국내에 구축했다. 스탈린은 교황과 마찬가지로 오류가 존재하지 않는 '무류의 존재'로 신격화되었다. 그런 소련에서 무엇이 일어났는가? '인민의 적'의 숙청이다. 히에라르키에서 벗어난 자, 비판적인 자는 인민의 적으로 취급되어 죽거나 강제노동수용소에 보내졌다. 중세의 기독교 사회에서도 이와 비슷한 비극이 일어났던 것이다.

교황의 친족 경영

타락과 절정을 동시에 의미하는 이유

로마 교황 인노첸시오 3세 시대를 전후하여, 로마 교황을 둘러싸고 '네포티즘(친족 등용 정책)'이 두드러졌다. 네포티즘이란 교황이 추기경이나 대교회의 직책을 임명할 때 혈연관계가 있는 자를 등용하는 것을 말한다. 다시 말해 친족들로 요직을 채우는 바람에 한 집안에서 몇 명씩 되는 교황이 등장한다.

인노첸시오 3세 자신부터 그랬다. 그는 이탈리아 세니 백작가 출신이자 교황 클레멘스 3세의 조카였다. 숙부였던 클레멘스 3세가 그를 부제 추기경으로 지명하며 그는 교황 자리에 한 걸음 가까워졌다. 그 뒤 인노첸시오 3세 또한 추기경 자리에 조카를 앉혔고, 그 조카는 로마 교황 그레고리오 9세가 되었다.

'네포티즘Nepotism'이 '조카'를 의미하는 이탈리아어 '네포테Nepóte'에서 유래한 것처럼, 역대 교황들은 조카에게 가문의 미래를 맡겼다. 세니 백작가에서는 이 두 명에 이어 교황 알렉산데르 4세도 등장한다.

르네상스 시대가 되면 알렉산데르 6세를 비롯한 보르자가 출신의 로마 교황이 갖은 악행을 저지르는데, 그 기초를 닦았던 것이나 다름없다.

콘티가, 오르시니가, 콜론나가, 카에타니가 등 로마의 신흥 귀족들은 자신의 일족에서 추기경을 배출하는 일에 열중하게 된다. 교황 니콜라오 3세는 오르시니가 출신이고, 막강한 권력을 누렸던 교황 보니파시오 8세는 카에타니가 출신이다. 로마 귀족들은 자신의 가문에서 교황과 추기경을 배출하기 위해 암투를 벌였다.

네포티즘은 타락한 교황의 예시이지만, 한편으로는 교황의 절정기를 가리키기도 한다. 과거에는 신성 로마 황제나 로마의 귀족이 아주 간단히 교황을 갈아치우곤 했다. 예전에는 수호자를 필요로 했던 교황이 이제는 자신의 일족으로 기반을 다질 정도로 자립한 것이다.

이색 황제 프리드리히 2세
중세 교황에게 최후의 위협이 되었던 신성 로마 황제

절정이 극에 달했던 로마 교황 인노첸시오 3세가 사망한 후, 여러 교황의 위협이 된 것이 신성 로마 제국 황제 프리드리히 2

세였다. 프리드리히 2세(이탈리아에서는 페데리코 2세)는 이탈리아에 야심을 품었던 '바르바로사' 프리드리히 1세의 손자이며, 교황 인노첸시오 3세에 의해 왕위에 올랐다.

프리드리히 2세는 생애 많은 부분을 시칠리아섬의 팔레르모 궁정에서 보냈으며, 무슬림을 비롯해 유대인 학자들과도 교류를 즐겼다. 그는 당대 제일의 교양인이자 중세에서 벗어난 근대적 인물로 평가받기도 한다.

이탈리아 정복을 꿈꾸던 만큼 프리드리히 2세는 교황과 대립할 수밖에 없었다. 황제 프리드리히 2세와 교황의 대립은 이탈리아에 국한된 문제가 아니었다.

당시의 교황 호노리오 3세는 십자군에 열중해서 황제 프리드리히 2세를 십자군에 참가시키고자 했다. 그러나 합리주의자였던 프리드리히 2세가 볼 때 십자군은 쓸데없는 짓이었다.

더구나 무슬림을 이해하던 프리드리히 2세에게 무슬림은 적이 아니었다. 그는 이런저런 이유를 대며 십자군 참가를 미루었다. 이 또한 교황의 울화통이 터지는 원인이었다.

호노리오 3세가 사망한 후, 프리드리히 2세는 어쩔 수 없이 제6차 십자군에 참가해 중동으로 향했다. 그러면서 프리드리히 2세는 아이유브 왕조의 술탄 알카밀al-Kamil과 서신을 주고받았다. 프리드리히 2세는 아랍어를 구사할 줄 알았으며 이슬람 문화에 대한 이해가 높았다. 두 사람은 신학과 논리학에 대해 의견을 주고받았고, 알카밀은 프리드리히 2세의 인품과 교양에 감탄하여 존경심을 표했다. 그리고 알카밀은 일시적으로 예루살렘을 반환한다.

반면 호노리오 3세 다음에 교황이 된 그레고리오 9세는 프리드리히 2세와 제대로 된 대화를 나누지 못했다.

양쪽의 대립은 몇 번이나 심각해졌고, 프리드리히 2세는 두 차례에 걸쳐서 파문당했다. 파문하겠다는 협박에 프리드리히 2세가 굴하지 않자, 교황 그레고리오 9세는 무력 대결을 선택한다. 그 결과, 그레고리오 9세가 패하며 프리드리히 2세에게 로마를 넘겨주는 사태까지 이른다.

교황 인노첸시오 4세의 시대가 되자, 그는 이탈리아를 떠나 프랑스 리옹에서 공의회를 열었다. 이탈리아에서 공의회를 열고 싶어도 프리드리히 2세의 방해가 심해서 프랑스에서 프리드리히 2세에게 십자군 원정을 요청할 수밖에 없었던 것이다.

결국 프리드리히 2세가 사망하며 교황의 위기의 시대는 끝난다. 사실 프리드리히 2세는 신성 로마 황제의 본거지인 독일의 통치를 약화시키기도 했다. 프리드리히 2세를 끝으로 독일에는 강력한 왕이 오랫동안 등장하지 않게 되었고, 1254년 프리드리히 2세의 아들 콘라트 4세가 사망하자 호엔슈타우펜 왕조는 단절된다.

그 후 합스부르크가의 루돌프 1세가 즉위할 때까지 약 20년 동안, 독일에는 강력한 세습 왕가가 등장하지 않았다. 독일 왕의 힘은 약해지고 왕은 없는 것과 다름없었기 때문에, 이 시대를 '대공위 시대(*1254년부터 1273년까지 독일의 황제가 제대로 추대되지 않아 황제의 자리가 공백 상태였던 시기)'라 부르게 된다. 심지어 1312년까지는 신성 로마 황제의 대관식도 없었다.

독일의 대공위 시대를 초래한 것은 프리드리히 1세, 하인리히 6세, 프리드리히 2세가 3대에 걸쳐서 이탈리아 정책에 너무 힘을 쏟았기 때문이다.

특히 프리드리히 2세는 본거지를 팔레르모에 두었을 때부터 독일 지배에 관심을 가지지 않았다. 이로 인해 신성 로마 황제들이 돌아보지 않던 독일의 통치는 약화되어 갔다.

독일의 왕권도 흔들리고 있었다. 프랑스나 잉글랜드에서는 국왕이 국내의 봉건 영주의 토지를 빼앗고 왕권을 강화하는 추세였지만, 왕의 관심이 이탈리아에만 쏠린 독일에서는 봉건 영주의 힘이 강하고 왕의 힘은 여전히 약했다.

독일의 약체화는 신성 로마 황제의 약체화를 의미했다. 중세에서는 프리드리히 2세를 끝으로, 더 이상 신성 로마 황제가 로마 교황에게 심각한 위협을 끼치지 못하게 되었다.

기벨린 대 겔프
황제당과 교황당의 대립이 이탈리아를 내전으로 몰아넣다

12세기에서 14세기에 걸쳐 프리드리히 2세를 비롯한 신성 로마 제국 황제들이 이탈리아 정복에 열중하던 무렵, 이탈리아 내부에서는 당파 대립이 심각했다. 바로 기벨린(황제당)과 겔프(교황당)의 대립이다.

이는 신성 로마 황제와 로마 교황의 대립에서 어느 쪽 정책을 지지하느냐를 뜻하기도 했다. 황제를 지지한 '기벨린'은 독일의 호엔슈타우펜 왕조의 황제들이 거주했던 '바이블링겐(이탈리아어로 기벨리노)'에서 유래했다. 교황의 지지 세력인 '겔프'는 호엔슈타우펜 왕가에 대항했으며 교황에게 협조적이었던 바이에른의 '벨프' 가문에서 유래했다.

기벨린과 겔프의 대립은 도시 간의 대립일 뿐 아니라 도시에

사는 주민 간의 대립이기도 했다. 포를리와 모데나는 기벨린이 었고, 볼로냐와 제노바는 겔프를 지지했다. 도시 내부에서도 상층 계급은 기벨린, 신흥 계급은 겔프로 나뉘었다.

기벨린과 겔프의 대립은 점차 황제냐 교황이냐의 문제를 떠나 단순한 당파 싸움으로 변질되며 이탈리아를 내전으로 몰아넣었다. 뒤에서 설명하겠지만 14세기의 교황들은 이탈리아를 떠나 프랑스의 아비뇽으로 본거지를 옮긴다(161페이지 참조). 이는 프랑스 왕의 압력 때문이기도 하지만, 이탈리아 내부의 혼란이 싫었던 까닭도 있다.

기벨린과 겔프의 대립을 소재로 한 이야기가 바로 셰익스피어의 희곡《로미오와 줄리엣》이다. 베로나를 무대로 한 이 작품에서 로미오의 가문인 몬터규는 겔프였고 줄리엣의 가문인 캐풀렛은 기벨린이었다. 그 외에도 베르디의 가극《시몬 보카네그라(*평민 출신으로는 처음으로 제네바의 총독 자리에 오른 시몬 보카네그라의 생애를 다룬 오페라)》에서 양당의 대립을 모티브로 하고 있다.

북방 십자군

독일 기사 수도회에 의한 동방 식민이 새로운 독일을 탄생시키다

로마 교황이 중동 십자군 원정을 주장하던 시절, 사실은 또 하나의 십자군이 활동하고 있었다. 독일 동쪽으로 침략 활동을 펼치던 '북방 십자군'이었다.

1147년 제2차 십자군을 주장한 교황 에우제니오 3세는 북방 십자군 중 하나인 '벤드 십자군'을 승인했다. 당시 오데르강과 엘베강 사이에는 서슬라브계의 벤드족이 있었고, 그들은 발트 슬라브족으로 불리기도 했다. 그들은 기독교가 아닌 이방의 신을 믿고 있었는데, 북독일의 제후와 기사들은 벤드족을 공격하고 그 땅으로 이주했다. 벤드족이 이교도였기에 이교도 토벌의 의미에서 교황은 이를 인정했다.

이어서 1230년에 교황 그레고리오 9세는 독일 기사 수도회(독일 기사단)의 프로이센 정복을 승인했다. 당시의 프로이센은 비스와강과 네만강을 사이에 둔 지역이었고, 그곳에 살던 프로이센인들 또한 이교도였다. 제3차 십자군으로 인해 탄생한 기사단인 독일 기사 수도회(129페이지 참조)는 이교도를 배척하며 프로이센을 식민지로 삼았다.

기독교로 읽는 세계사 - 바티칸은 어떻게 역사에 군림했는가

이렇듯 독일 기사 수도회의 동방 식민에 의해 새로운 영방(신성 로마 제국 내의 지방 국가)이 형성되었다. 이는 '새로운 독일'이라고 해서, 브란덴부르크 변경백령과 프로이센을 통합하여 '프로이센 공국'을 자처하게 된다. 이 새로운 프로이센이야말로 19세기 분열된 독일을 통일하는 핵심이 된다.

　한편 독일 기사 수도회는 교황 그레고리오 9세의 명령으로 러시아까지 원정을 떠났다. 러시아는 동방 정교회의 지도 아래 있었지만, 당시 로마 교회는 동방 정교회와 대립했다. 그 때문에 러시아에서 가장 번영했던 도시 노브고로드에 징벌군을 보낸 것이다. 이에 맞서 싸운 것이 노브고로드 공 알렉산드르 넵스키이다. 넵스키는 독일 기사 수도회를 무너뜨리고 러시아를 지켜냈다.

프랑스의 간섭, 흑사병,
부패로 인해 몰락하는 가톨릭과
급부상한 신교

샤를 당주의 압력

독일의 위협을 없애려는 교황이 프랑스 세력을 끌어들이다

　1260년대 로마 교황과 이탈리아는 일대 전환기를 맞는다. 그 전까지 로마 교황은 신성 로마 제국 황제의 압력에 계속 시달려 왔지만, 마침내 신성 로마 황제의 영향력을 억누르는 데 성공한 것이다. 하지만 이는 프랑스 국왕과 결탁한 결과였기에 교황은 프랑스의 영향력 아래 놓이게 되었다.

　독일 호엔슈타우펜 왕가의 위협은 신성 로마 황제 프리드리히 2세(142페이지 참조)가 사망한 뒤에도 곧바로 사라지지는 않았

다. 그의 서자 만프레트(만프레디)는 시칠리아섬을 지배하며 이탈리아에 야심을 드러냈다. 교황 알렉산데르 4세는 만프레트를 파문하지만, 교황의 군대는 만프레트에게 패배해 중부 이탈리아를 빼앗기고 만다.

교황 알렉산데르 4세의 사망 후 새로 선출된 교황 우르바노 4세는 만프레트에 대항하기 위해 새로운 계책을 썼다. 프랑스 국왕 루이 9세에게 접근해 그의 남동생 샤를 당주(앙주 백작 샤를)를 시칠리아 왕으로 임명한 것이다. 우르바노 4세 자신도 프랑스 트루아 출신인 만큼 프랑스 왕에게 호의와 기대를 품고 있었고, 샤를 당주와 만프레트의 대결이 본격적으로 시작되었다.

샤를 당주의 군대는 이탈리아로 진입하고, 만프레트는 1266년 베네벤토 전투에서 전사한다. 이어서 샤를은 이탈리아로 쳐들어온 프리드리히 2세의 손자 콘라딘을 격퇴하고, 그의 목을 벤다. 이로써 이탈리아를 향한 독일 호엔슈타우펜가의 야망은 산산조각 나고 말았다.

샤를 당주의 승리로 인해 수년간 교황이 당해온 위협은 사라졌으며, 교황과 프랑스의 결속은 강해졌다. 이제까지 이탈리아인이 차지했던 추기경단에서도 프랑스인이 큰 세력을 이루고, 교황 선출에 영향력을 발휘하게 되었다.

교황과 프랑스의 관계 강화는 프랑스가 교황에 끼치는 영향력이 커졌다는 것을 의미했다. 독일 왕가를 물리친 샤를 당주는 교황에게 새로운 위협 요인이 되어, 대적하기 힘든 상대가 되었다. 교황 하드리아노 5세의 선출을 앞두고는 샤를 당주에게서 압박이 들어오기도 했다.

1273년 합스부르크가의 루돌프 1세가 신성 로마 황제로 즉위하고 독일의 대공위 시대를 끝냈을 때, 교황 그레고리오 10세는 안도했다. 이는 루돌프 1세가 시칠리아에 대한 권리를 포기한 것도 있지만, 무엇보다 샤를 당주를 견제할 수 있는 황제가 드디어 등장했기 때문이었다.

그러다 1282년 '시칠리아의 만종 사건'으로 인해 이탈리아에서 샤를 당주의 권세는 흔들리게 된다. 샤를 당주는 압제 정치를 시행했기에 시칠리아 사람들의 반감을 샀다. 결국 울분을 품은 시칠리아 팔레르모의 주민들이 만종, 즉 저녁 종소리를 신호로 프랑스에 반란을 일으킨 것이 '만종 사건'이다.

이렇게 시칠리아에서 프랑스 세력이 쫓겨나고, 이베리아반도 아라곤 왕국의 페드로 3세가 대신 시칠리아 왕이 된다. 페드로 3세는 샤를 당주가 죽인 전 시칠리아 국왕 만프레트의 사위였다. 만프레트의 옛 신하들이 반 프랑스 정책을 획책한 것이다.

아나니 사건

교황의 절대 우위를 목표지만, 프랑스 국왕과의 투쟁에서 패배하다

1294년 보니파시오 8세가 로마 교황으로 선출된다. 그는 가장 강력했던 교황 인노첸시오 3세에 비견할 만한 권세를 얻고자 했다. 보니파시오 8세는 교황 칙서 《우남 상크탐Unam Sanctam(유일하게 거룩한)》을 공표했는데, 여기에는 '구원받고자 하는 모든 인간은 로마 교황에게 복종해야만 한다'라고 쓰여 있었다. 그는 교황권의 절대 우위를 확립시키려 하지만, '아나니 사건'으로 인해 오히려 교황의 권위를 실추시키고 말았다.

교황 보니파시오 8세와 격전을 벌였던 것은 프랑스 국왕 필리프 4세였다. 1303년 그들은 프랑스 국내 교회령의 과세와 주교의 유죄 판결 등의 문제를 두고 대립한다. 베른하르트 시멜페니히 B. Schimmelpfennig의 저서 《로마 교황청의 역사》에서는 '13세기의 교황권의 수입 대부분이 프랑스에서 왔다'라고 말하고 있다. 당시 교황과 프랑스 국왕은 이해관계에 있었지만, 프랑스 국왕의 힘이 커질수록 그는 현재 상태를 달가워하지 않게 되었다.

프랑스 국왕 필리프 4세는 교황의 국내 이권을 강탈하려고 했지만, 교황 보니파시오 8세가 가만히 지켜볼 리 없었다. 보니파

필리프 4세의 군에 포위당한 보니파시오 8세. 그
후 로마 교황의 권위는 몰락하기 시작한다.

시오 8세는 중부 이탈리아의 아나니에서 필리프 4세를 파문하려고 했다. 아나니는 보니파시오 8세의 출신지이기도 했다.

한편 필리프 4세는 처음으로 삼부회를 개최하여 국내에서 지지를 얻었다. 삼부회란 제1신분인 성직자, 제2신분인 귀족, 제3신분인 시민의 대표로 이루어진 신분제 의회다. 당시 국내 정치에 영향력을 가지던 프랑스의 성직자는 교황이 아닌 프랑스 국왕을 지지했던 것이다.

필리프 4세의 궁정에서는 교황 보니파시오 8세의 폐위를 위한 움직임도 시작된다. 필리프 4세의 재상이었던 기욤 드 노가레 Guillaume de Nogaret는 로마의 반교황파였던 콜론나 가문과 결탁해, 시아라 콜론나Sciarra Colonna와 함께 아나니의 교황궁을 습격했다. 콜론나 가문은 보니파시오 8세의 핍박을 받아 프랑스로 피신한 상태였다. 노가레와 시아라 콜론나는 교황 보니파시오 8세를 구속하고 폐위를 강요한다. 이때 교황 보니파시오 8세는 의복을 빼앗기고 폭행까지 당했다고 한다.

그러자 아나니의 주민들이 교황 보니파시오 8세를 구출한다. 가까스로 재난은 면했지만, 아나니에서 감금당했다는 모멸감은 사라지지 않았다. 이후 보니파시오 8세는 갑작스러운 죽음을 맞는다.

교황 보니파시오 8세와 프랑스 국왕 필리프 4세의 대립은 과거에 있었던 교황 그레고리오 7세와 신성 로마 황제 하인리히 4세의 대결을 재현한 듯했다. 11세기의 그레고리오 7세와 하인리히 4세의 대결은 '카노사의 굴욕'으로 끝났고, 하인리히 4세는 일단 납작 엎드릴 수밖에 없었다(111페이지 참조). 그러나 14세기 초 교황과 국왕의 대결에서는 반대로 국왕이 교황에게 굴욕을 선사한 것이다.

로마 교황의 절정의 시대는 이미 끝났고, 로마 교황의 권위가 몰락하는 시대가 시작되었다. '아나니 사건'은 이 몰락의 상징이었다.

국왕의 신성과 민족의식이 싹트다

프랑스 국왕 필리프 4세가 교황에게 굴복하지 않은 이유

아나니 사건에서 프랑스 국왕 필리프 4세가 교황 보니파시오 8세에게 치욕을 선사할 수 있었던 것은 프랑스 국왕을 지지하는 세력이 있었기 때문이다. 당시 유럽의 주교와 성직자들 사이에서는 로마 교황의 절대 권위에 반발하는 움직임이 나타나고 있었다. 그들이 반드시 현역 교황의 절대적 지지자라고는 할 수 없었다.

교황을 대신해 성직자와 일반 민중의 지지를 얻었던 것은 국왕이었다. 10세기 후반 카롤링거 왕조의 로마 제국이 붕괴한 후에 생긴 프랑스에서, 처음에 왕은 무력한 존재였다(75페이지 참조). 프랑스를 비롯한 유럽의 왕들은 교황과 기독교의 권위에 기댈 수밖에 없었지만, 그들은 봉건 영주에게서 토지를 빼앗고 수면 아래로 힘을 길러 갔다.

중세의 국왕은 신성한 존재이기도 했다. 민중들은 국왕을 결핵성 질병을 치유할 수 있는 초능력자로 여기며 숭배하기 시작했다.

중세 민중들은 한센병을 비롯한 온갖 피부병으로 고통받았

다. 제대로 된 의학이 없는 중세에 치료는 무척 어려웠지만, 왕의 손이 닿아 피부병이 나은 경우가 있었다고 한다. 그때부터 피부병에 걸린 민중은 왕에게 가서 피부병을 고쳐달라고 간원했다. 13세기에 이르러서는 아예 국왕을 병을 고치며 민중들을 위해 기적을 일으키는 신성한 존재로 여겼다.

국왕은 즉위할 때 대주교에게서 기름 부음을 받기에, 거룩하게 구별된 존재가 되었다고 사람들은 생각했다. 11세기 후반, 교황 그레고리오 7세 시대에는 왕의 신성이 주교의 신성에 미치지 못한다고 여겼지만, 13세기의 민중들은 왕이 어마어마한 신성을 가졌다고 믿었다. 프랑스 국왕 필리프 4세도 환자들의 치료에 온 힘을 쏟으며 프랑스 민중에게 지지를 받았다. 따라서 민중의 눈에는 국왕이 로마 교황보다 성스러운 존재로 비친 것이다.

이는 그 시대에 유럽 각국에서 탄생한 전설을 보아도 알 수 있다. 일례로 프랑스에서는 '천사 교황 전설'이 있었다. 지금의 로마 교황은 가짜이며 진짜 로마 교황은 박해를 받아 황야에 있다, 머지않아 프랑스 국왕이 진짜 교황을 구하고 예루살렘을 탈환할 것이라는 전설이었다. 프랑스 국왕을 교황보다 영웅으로 여겼다는 증거다.

12세기 무렵부터 유럽에서는 민족이나 국가에 대한 의식이 조금씩 싹트고 있었다. 프랑스에서는 11세기에서 12세기에 걸쳐, 카롤루스 대제와 이슬람 세력과의 전쟁을 칭송한 무훈시 《롤랑의 노래》가 만들어졌다. 잉글랜드에서는 12세기부터 13세기까지 원탁의 기사를 거느린 《아서왕 이야기》가 널리 퍼졌고, 독일에서는 영웅 지크프리트의 활약과 죽음을 그린 서사시 《니벨룽겐의 노래》가 탄생했다.

중세 각국에서는 민족의 근원이 되는 이야기가 탄생하며, 민족의식도 함께 싹트고 있었다. 그 과정에서 국왕을 신성한 존재로 추앙했기에, 민족의식은 국왕 숭배로도 이어졌다. 그런 의식의 변화가 아나니 사건에도 드러나 있던 것이다. 그래서 시대의 변화를 읽지 못한 교황 보니파시오 8세는 굴욕을 당하고 말았다.

교황의 아비뇽 유수

약 70년 동안 교황청을 프랑스에 두다

로마 교황 보니파시오 8세를 쇼크사로 몰아넣다시피 한 아나니 사건 이후, 프랑스 국왕은 교황을 지배하에 두려고 했다. 보니파시오 8세 대신 선출된 교황 베네딕토 11세가 사망하자, 프랑스인 교황 클레멘스 5세가 선출된다. 그 배후에 바로 프랑스 국왕 필리프 4세가 있었다. 필리프 4세는 앞서 말했듯 보니파시오 8세를 궁지로 몰았던 국왕이다.

필리프 4세의 지인이던 새 교황 클레멘스 5세는 필리프 4세가 말하는 대로 움직였다. 그는 필리프 4세의 권고를 따라 프랑스 남동부의 도시 리옹에서 교황으로 즉위한다. 그 후, 1305년에 리옹 남쪽 도시 아비뇽으로 교황청을 옮겼다. 클레멘스 5세 시대로부터 약 70년간, 7대에 걸쳐 로마가 아닌 아비뇽에 본거지를 두게 된 것이다.

교황 클레멘스 5세가 얼마나 프랑스 국왕 필리프 4세의 꼭두각시로 행동했는지, 아나니 사건의 처분을 보면 알 수 있다. 전교황 베네딕토 11세는 아나니 사건의 주모자였던 기욤 드 노가레를 재판에 회부했지만, 클레멘스 5세는 노가레를 사면했다.

더구나 국왕 필리프 4세가 파리에 있던 템플 기사단을 괴멸시키고 그 재산을 몰수했을 때, 교황 클레멘스 5세는 아무런 항의도 하지 않았다. 그뿐 아니라 비엔 공의회에서 템플 기사단에게 유죄를 선고했다.

가톨릭에서는 교황이 아비뇽에 머물던 시대를 가리켜 '교황의 아비뇽 유수' 또는 '교황의 바빌론 유수'라고 부르고 있다. 고대 유대인들이 신바빌로니아 왕국의 느부갓네살(네부카드네자르) 2세에게 정복당해 바빌로니아에 끌려간 '바빌론 유수'의 고사에 빗댄 이름이다.

교황이 70년이나 아비뇽에 계속 머물렀던 이유 중 하나는 이탈리아의 정세가 불안했기 때문이었다. 로마의 치안이 위태로울 때도 강대한 프랑스 국왕이 통치하는 아비뇽은 안전했다.

또 다른 이유는 필리프 4세를 비롯한 프랑스 국왕들이 교황을 손아귀에 두고 지배하며 감시하기를 원했기 때문이다. 교황이 프랑스 국왕의 장기말이 된 셈이다. 아비뇽 시대의 교황 7명이 전부 프랑스인이었던 것이 이를 상징한다.

거기다 교황 클레멘스 5세가 추기경으로 프랑스인을 많이 임명했기에, 교황청에서 프랑스인의 발언권이 세졌다. 프랑스인 추기경에게 아비뇽은 입지가 좋은 곳이었다. 교황의 아비뇽 시대가 끝나는 것은 1377년의 일이다. 만년에 교황 그레고리오 11세는 로마 귀환을 결단하고 이를 실천했다.

교황청이 로마로 귀환할 수 있었던 것은 1337년 시작된 프랑스와 영국의 백년전쟁으로 인해 위기에 빠진 프랑스가 황폐해졌기 때문이었다. 백년전쟁 때문에 프랑스는 전장이 되었다. 1356년 푸아티에 전투에서 잉글랜드군이 프랑스군에 압승을 거두자,

프랑스 국왕 장 2세는 포로가 되기도 했다.

백년전쟁의 혼란 속에 프랑스 국왕의 영향력이 감소한 데다, 용병들이 습격하여 약탈을 저지르자 아비뇽도 안전하지 않게 되었다.

당시 로마의 치안도 나쁜 편이었지만, 아비뇽의 상황이 더욱 악화될지도 모른다고 생각한 교황 그레고리오 11세는 로마로 복귀했다.

아비뇽에 교황청이 있던 1356년, 독일에서는 신성 로마 황제 카를 4세가 '금인 칙서'를 공표했다. 금인 칙서는 신성 로마 황제 선출과 관련된 법인데, 선제후 7명의 선거를 통해 황제를 선출한다는 내용이었다. 이로써 로마 교황의 승인을 얻지 않아도 신성 로마 황제가 될 수 있게 되어, 신성 로마 황제는 교황과 분리된 존재가 되었다.

대분열

교황청은 왜 로마와 아비뇽으로 분열되고 말았는가?

그레고리오 11세의 로마 귀환으로 인해 '교황의 아비뇽 유수'

기독교로 읽는 세계사 - 바티칸은 어떻게 역사에 군림했는가

는 끝났지만, 사실 아무것도 해결되지 않았다. 왜냐하면 그가 세상을 뜬 지 얼마 되지 않아, 교황청이 로마와 아비뇽으로 분열되며 '교회 대분열schisma(시스마)'이 일어나버렸기 때문이다.

애초에 아비뇽에서 귀환한 교황 그레고리오 11세에게 로마는 안주할 만한 땅이 아니었고, 로마에서 폭동이 발생하자 교황은 아나니로 물러날 수밖에 없었다.

교황 그레고리오 11세가 사망한 후, 이탈리아인 새 교황 우르바노 6세가 선출된다. 로마에서는 이탈리아인 교황을 열망했다. 이탈리아인 교황을 바라는 무리들은 로마에서 폭동을 일으키기 직전이었고, 추기경들은 그에 굴복하다시피 했다.

하지만 프랑스인 추기경들은 우르바노 6세의 선출을 납득할 수 없었다. 1378년 그들은 대립 교황 클레멘스 7세를 선출하고 아비뇽에 교황청을 두었다. 이렇게 해서 서유럽은 교황청이 나란히 양립하는 시대로 돌입하게 되었다.

이로 인해 서유럽 전체가 둘로 나뉘었다. 로마를 지지한 쪽은 독일 제후, 잉글랜드, 이탈리아의 여러 세력이었다. 아비뇽을 지지한 쪽은 프랑스, 스코틀랜드, 나폴리 등이었다.

교회의 대분열을 초래한 것은 프랑스인 추기경에 의한 교황청 지배가 끝나지 않았기 때문이었다. 반대로 말하면 당시 프랑스

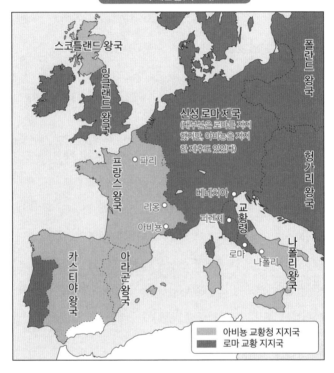

교회 대분열(시스마)

스코틀랜드 왕국

잉글랜드 왕국

폴란드 왕국

헝가리 왕국

신성 로마 제국
(대부분은 로마를 지지
했지만, 아비뇽을 지지
한 제후도 있었다)

프랑스 왕국

파리

리옹

아비뇽

베네치아

피렌체

교황령

로마

나폴리 왕국

나폴리

카스티야 왕국

아라곤 왕국

아비뇽 교황청 지지국
로마 교황 지지국

에 대항해 교황을 보호할 수 있는 존재는 어디에도 없었다는 뜻
이다. 이 시대의 신성 로마 황제에게는 프랑스에 대항할 힘이 없
었다. 이탈리아 국내에서는 이탈리아인 교황과 로마의 절대성을
염원했지만, 이탈리아는 통합되지 못했고 프랑스를 굴복시킬 만

큼의 힘을 가지지 못했다.

로마 교회의 대분열 시대는 콘스탄츠 공의회까지 약 40년간 계속된다. 그 사이에 재물을 탐하거나 네포티즘(친족 등용 정책)에 열중했던 교황도 있었고, 교황의 절대성과 존엄성은 크게 훼손되었다. 심지어 아비뇽 유수에서 대분열로 이어지는 시기에 흑사병의 재앙이 유럽을 덮치기도 했다. 교황은 흑사병 앞에 무력했으며, 이로 인해 교황의 권위는 위태로워졌다.

교황을 향해 '적그리스도Antichrist'라고 외치는 사람들도 있었다. 적그리스도란 종말의 날을 앞두고 나타나는 가짜 그리스도를 말한다. 교황은 유럽을 통솔하는 통합자의 지위에서 무너져 내리고 있었다.

콘스탄츠 공의회

오스만 제국의 위협이 교회의 대분열을 종식시키다

교회 대분열은 로마 교황의 권위를 실추시키고 성직자들의 근심거리가 되었다. 로마 교회에 대한 비판도 시작되었다. 로마 교회의 권위를 바로 세우기 위해 로마와 아비뇽 양쪽에서 움직이기 시작했고, 1409년의 피사 공의회를 거쳐 마침내 콘스탄츠 공의회에서 결판이 나게 된다.

사실 피사 공의회 이후, 세 명의 로마 교황이 존재하는 이상 사태가 발생하기도 했다. 피사 공의회에서는 로마 교황 그레고리오 12세와 대립 교황 베네딕토 13세를 폐위하도록 권고하고, 통일 교황 알렉산데르 5세를 새로 선출했다. 그러나 그레고리오 12세도 베네딕토 13세도 교황 자리에서 내려오려 하지 않았다. 그러다 알렉산데르 5세가 사망하자 새 교황 요한 23세가 선출되어 3인 교황 시대가 되었던 것이다.

이렇듯 이상한 사태를 맞이하자 콘스탄츠 공의회에서는 세 교황을 모두 폐위하기로 결정한다. 그 대신 콜론나가 출신의 마르티노 5세가 통일 교황으로 선택되었다.

콘스탄츠 공의회에서 결정권을 가진 이유는 신성 로마 황제 지기스문트가 강력히 주장했기 때문이었다. 지기스문트는 교회가 통일되어 전 유럽을 하나로 단결시켜 주기만 바라고 있었다.

왜냐하면 그 당시 오스만 제국의 위협이 커졌기 때문이었다. 아나톨리아(현재의 터키 일부)의 신흥 오스만 제국은 1389년, 세르비아·보스니아·왈라키아 연합군을 코소보 전쟁에서 무찔렀다. 당시 헝가리의 왕이었던 지기스문트는 오스만 제국의 유럽 침공을 두려워하며 프랑스, 독일, 잉글랜드, 이탈리아 등의 기사를 소집해 니코폴리스 십자군을 결성한다. 하지만 1396년 니코폴리스 전투에서 바예지드 1세가 이끄는 오스만 제국군에게 패하고 만다.

그 후 오스만 제국은 티무르에 패배해 일시적으로 정체기에 들어가지만, 위협이 완전히 사라진 것은 아니었다. 지기스문트는 오스만 제국에 대규모 십자군을 파병하기 위해서라도 지도력이 뛰어난 통일 교황을 원했던 것이다.

콘스탄츠 공의회가 성립될 수 있었던 것은 프랑스의 영향력이 감소했기 때문이기도 하다. 당시 프랑스는 백년전쟁 중에 잉글랜드 왕 헨리 5세가 진격해오는 바람에 수세에 몰리고 있었다. 프랑스는 국내의 위기에 쫓겨 교황을 신경 쓸 겨를이 없었던 것이다.

후스 전쟁

종교 개혁의 선구자 후스의 처형에 보헤미아 주민이 봉기하다

교회 대분열을 수습한 콘스탄츠 공의회에서는 중요한 결정을 또 하나 내린다. 보헤미아의 얀 후스를 이단으로 선고하고 1415

년 화형에 처한 것이었다.

프라하 카렐대학교 신학 교수였던, 후스는 오늘날의 시점으로 보면, 교회 개혁과 종교 개혁의 선구자였다. 그는 성경을 체코어로 번역하고 체코어로 말씀을 전했으며 가톨릭교회의 개혁을 주장하고 교회의 세속화를 비난했다.

후스 이전에도 가톨릭 개혁의 선구자로는 잉글랜드의 위클리프가 있었다. 옥스퍼드대학 교수였던 위클리프는 성경을 영어로 번역했고, 성경 정신으로 되돌아갈 것을 주장했다. 그는 로마 교회가 부를 소유하는 데 의문을 제기하고, 잉글랜드 교회와 국왕의 로마 교회로부터 독립할 생각까지 하고 있었다. 후스도 그러한 위클리프의 영향을 받았다.

후스가 보헤미아에서 지지를 얻은 것은 후스의 주장이 민족운동에 도움이 되었기 때문이다. 당시 보헤미아는 신성 로마 황제와 로마 교회 양쪽의 지배를 모두 받고 있었다. 보헤미아 주민들은 신성 로마 제국의 지배와 로마 교회의 족쇄에서 해방되길 바라며, 후스에게 기대를 걸었던 것이다.

16세기 독일에 마르틴 루터가 등장한 뒤, 가톨릭의 부정부패는 민족국가 형성에 영향을 끼쳤다. 그 점에서 보헤미아의 후스는 선구적이었다.

콘스탄츠 공의회에 소환된 후스는 신성 로마 황제 지기스문트에게서 일신상의 안전을 보장받았다. 그럼에도 불구하고 후스는 이단으로 처형되었다. 후스의 처형은 보헤미아의 주민들을 화나게 했고, 결국 보헤미아 주민들이 봉기하며 신성 로마 황제군과 충돌을 일으켰다. 이것이 후스 전쟁이다. 로마 교황 마르티노 5세는 후스 십자군을 일으키지만, 후스 십자군에 의한 5차례의 공격은 모두 실패한다.

결국 1419년에 시작된 후스 전쟁은 1436년 바젤 협약에 의해 일단락된다. 그러나 그 후에도 과격 후스파인 타보르파의 저항은 계속되고, 로마 교황의 위엄과 권위는 계속 추락했다.

메디치 가문과 유착하다

로마 교황청의 금고지기로 번영하기 시작한 메디치 은행

교황청의 아비뇽 시대와 교회 대분열의 시대는 14세기 초부터 15세기 전반까지 약 1세기 이상 이어졌다. 그 사이 이탈리아에서는 르네상스가 진행되었다.

도시 국가가 발달한 이탈리아에서도 특히 피렌체의 성장은 두

드러져서, 초기부터 중기까지 르네상스의 역군이기도 했다. 그런 피렌체에서 권력을 쥔 것이 메디치 가문이었는데, 메디치가는 로마 교황과 결탁하면서 급부상하기 시작했다.

조반니 디비치 데 메디치의 시대에 이르러 메디치가는 로마 교황청을 잠식하는 데 성공한다. 조반니는 추기경 시대의 대립 교황 요한 23세(본명 발다사레 코사)에게 접근했다.

해적 출신이던 코사는 교황이 되고 싶다는 야심을 갖고 있었다. 조반니는 코사에게 자금을 지원했고 코사는 교황 요한 23세가 된다. 요한 23세는 조반니에게 지원을 받은 대가로 메디치 은행에 교황청의 재무 관리를 맡겼다.

그 후 메디치 은행은 로마 교황청의 금고지기로서 자산을 계속 늘려나간다. 아무리 교황청이 분열을 경험했다고 해도 돈을 끌어들이는 능력만큼은 절대적이었다. 그래서 위클리프나 후스 등 교회 개혁자에게서 비판을 당하기도 했지만, 메디치가에게 교황청은 좋은 돈줄이었다.

조반니의 사망 후 메디치가를 상속한 것은 그의 아들 코시모였다. 코시모는 막대한 재산을 모으며 피렌체에서 메디치가의 지위를 공고히 한 인물이었는데, 그 시기 피렌체의 명가 알비치가와 대립한다. 이때도 코시모가 교황 에우제니오 4세를 자기편으로 끌어들인 것이 큰 힘을 발휘했다.

피렌체에서 일어난 다툼을 중재하는 역할을 맡았던 에우제니오 4세는 코시모 편을 들었고, 그 결과 알비치가는 피렌체에서 추방당한다.

그 후 메디치가의 전성기를 이끈 로렌초 데 메디치의 시대에 이르면, 메디치가는 교황과 대립하기도 한다. 하지만 로렌초는 미래에 대한 대책을 강구했다. 로렌초는 차남 조반니를 성직자로 육성했고, 조반니는 13세의 나이에 추기경이 되었다. 로렌초는 메디치가에서 로마 교황을 배출하겠다는 야심을 품은 것이다.

여기에는 메디치가가 이탈리아, 나아가 유럽에서 지위를 높이 겠다는 목적도 있었다. 그 목표는 빗나갔지만, 조반니는 로렌초의 사후인 1513년에 교황 레오 10세가 된다.

동로마 제국 멸망

콘스탄티노플의 함락이 로마의 안정과 르네상스를 가져왔다

1453년 메호메트 2세가 이끄는 오스만 제국의 공격을 받아 콘스탄티노플은 함락당하고, 동로마 제국(비잔틴 제국)은 멸망한다.

동방 정교회는 그 후에도 이스탄불(콘스탄티노플의 현재 지명)에 남긴 했지만, 로마 교황청에 있어서는 로마 제국 이후의 오랜 경쟁자가 사라진 것이나 마찬가지였다.

콘스탄티노플 함락의 충격은 로마 교황을 크게 동요시켰다. 오스만 제국의 유럽 침공 위기에 교황 니콜라오 5세는 오스만 제국에 대항할 십자군을 구상했고, 뒤이은 갈리스토 3세도 마찬가지로 십자군 파병을 주장했다.

하지만 유럽 국왕들의 반응은 싸늘했다. 프랑스는 백년전쟁에서 이제 막 회복하기 시작했고, 잉글랜드는 1455년 장미 전쟁이라는 내전에 돌입한 상황이었다.

그러나 콘스탄티노플의 함락은 간접적으로 로마의 안정과 융성에 기여했다. 오스만 제국의 위협을 앞에 두고, 이탈리아의 유력 도시인 피렌체, 밀라노, 베네치아, 나폴리가 평화 조약을 맺은 것이다. 이것이 '로디 평화 조약(*밀라노 공국의 계승권을 두고 맺은 조약으로, 프란체스코 스포르차가 밀라노의 통치자로 인정받게 되었다)'이며 로마도 여기에 참가했다.

그전까지 이탈리아에서는 도시 국가끼리의 싸움이 끊이지 않아 전국시대가 따로 없었다. 로디 평화 조약은 그 전국시대를 멈추고 오스만 제국에 공동 전선을 펼쳐 나가려는 것이었다.

로디 평화 조약의 시대는 약 40년간 계속된다. 그 사이 이탈리아에서는 전란이 안정되었고 오스만 제국의 본격적인 이탈리아 침공도 없었다. 덕분에 군사비로 나갈 자금을 도시 조경이나 예술에 투자할 수 있었다.

이로 인해 이탈리아 르네상스는 절정기를 맞이하고, 르네상스에 뒤처졌던 로마의 반격도 시작된다. 교황 식스토 4세는 시스티나 성당을 건축했고, 교황 알렉산데르 6세는 미켈란젤로에게 새로운 성 베드로 대성당을 설계하도록 명령했다. 그렇게 로마는 피렌체가 몰락한 후, 르네상스의 중심이 되어갔다.

파치가의 음모 사건

메디치가의 포위망을 구축하다 로렌초에게 역습당한 교황 식스토 4세

로렌초 데 메디치의 시대, 피렌체는 절정을 맞이하여 '꽃의 도시'라고 부를 정도였다. 그때 메디치가의 당주인 로렌초와 대립한 것이 교황 식스토 4세이다.

두 사람은 이탈리아 중북부의 도시 이몰라의 귀속을 둘러싸고 논쟁을 벌였다. 양측이 대립하는 가운데, 식스토 4세의 조카

지롤라모와 피렌체에 있는 메디치가의 라이벌 파치 가문이 접근한다.

파치가는 메디치가를 말살시킬 계획을 세우고 있었고 여기에 지롤라모도 가담했다고 한다. 이 계획은 식스토 4세의 묵인하에 진행되었고, 그는 조카인 리아리오 추기경을 피렌체에 파견한다. 그를 환영하는 자리에 로렌초가 나타나리라고 예상한 것이다. 이것이 1478년의 '파치가의 음모 사건'이다.

사건은 피렌체의 상징인 두오모 성당에서 일어난다. 파치가의 자객들은 로렌초와 줄리아노 형제를 습격하여 줄리아노를 암살하는 데 성공한다. 그 후 파치가는 피렌체 시민에게 메디치가를 타도하자고 부르짖지만, 인망이 높았던 줄리아노를 살해했기 때문에 오히려 로렌초를 지지하는 피렌체 시민들이 굳게 결속하는 계기가 된다. 로렌초의 복수에 의해 파치가의 세력가들은 살해되고, 식스토 4세의 조카 리아리오 추기경도 죽음을 맞는다.

'파치가의 음모 사건'으로 식스토 4세에게 비난의 시선이 향하지만, 그때부터 식스토 4세는 메디치가를 타도하고자 진두지휘에 나선다. 식스토 4세는 로렌초를 파문하고, 이탈리아의 여러 도시에 메디치가의 피렌체를 상대로 싸울 것을 호소했다.

식스토 4세에게 호응한 것이 나폴리 왕 페르디난도 1세다. 당

시 나폴리는 이탈리아반도에서 가장 큰 도시 국가였다. 나폴리
군은 피렌체군을 처부수고, 밀라노와 베네치아는 식스토 4세에
게 동조하는 모습을 보였다.

식스토 4세의 계략에 의해 로렌초는 궁지에 몰렸지만, 여기서
로렌초는 혈혈단신으로 나폴리에 뛰어든다. 그리고 대담하게도
페르디난도 1세와 대화에 나섰다. 페르디난도 1세는 로렌초의
배짱에 매료되었고 양측은 화해하게 된다.

이로써 식스토 4세에 의한 메디치가 포위망은 와해되고, 식스
토 4세는 교황군을 피렌체로 보내지만 패배하고 만다. 식스토 4
세는 로렌초를 상대로 큰 창피를 당한 셈이다.

사보나롤라 대 알렉산데르 6세
가장 타락한 교황이 이탈리아의 위기를 기적적으로 구하다

콜럼버스가 아메리카에 다다른 1492년부터 이탈리아는 격동
기를 맞이한다. 그해에 로마와 피렌체에서는 주역이 교체되며
불온한 공기가 떠돌기 시작한다.

로마에서는 보르자가 출신의 교황 알렉산데르 6세가 즉위한

다. 그는 교황 갈리스토 3세의 조카이며, 네포티즘과 돈에 의해 교황으로 출세한 인물이었다. 그의 딸 루크레치아는 르네상스 제일의 요부라고 불렸으며, 향락적이었던 교황 알렉산데르 6세 본인도 가장 타락한 교황이라는 평판을 들었다.

피렌체에서는 메디치가의 당주 로렌초가 사망한다. 로렌초를 대신해 피렌체 시민의 지지를 얻은 것은 그의 아들 피에로가 아니라, 도미니코 수도회의 수도사 사보나롤라(*부패한 교회와 메디치가를 비판하고 신정 정치를 단행했던 이탈리아의 종교 개혁가)였다. 그는 로렌초의 죽음을 예언했는데, 이것이 적중하며 광신도적인 인기를 얻었다.

그런 가운데, 1494년 프랑스 국왕 샤를 8세가 이끄는 군대가 이탈리아를 침공했다. 샤를 8세를 이탈리아로 끌어들인 것은 밀라노를 통치하는 루도비코 스포르차, 통칭 '일 모로(검은 사람)'였다. 당시 밀라노는 이탈리아에서 고립되어 있었기에, 형세를 역전하기 위해 프랑스 왕의 힘을 빌리려고 한 것이다. 한편 샤를 8세는 자신에게 나폴리 왕위 계승권이 있다고 주장하며, 이탈리아 영토 획득에 관심을 보였다.

샤를 8세가 이끄는 프랑스군의 침공은 이탈리아에 충격을 선사했다. 이는 반세기 이상에 달하는 이탈리아 전쟁의 시작이기도 했다. 지금껏 다양한 세력이 이탈리아를 침공했지만, 13세기 프랑스 왕제 샤를 당주(153페이지 참조) 이후, 이처럼 강력한 군대가 본격적으로 침공한 적은 없었다. 더구나 당시 샤를 8세의 프랑스군은 유럽 최강을 자랑했다. 백년전쟁을 경험한 프랑스가 왕권을 강화하여 군사 시설을 확충했기 때문이다.

이탈리아 도시 국가군이 샤를 8세의 군대를 이길 수 있을 리 없었다. 이탈리아 도시 국가는 저항도 못 해보고 샤를 8세의 군대의 남하를 허락하고 만다. 르네상스기의 이탈리아는 예상외의 연약함을 드러낸 것이다.

피렌체도 그랬다. 메디치가의 당주 피에로는 샤를 8세를 상대로 평화 교섭을 진행하다 막대한 배상금 지불을 강요당했다. 이것이 시민의 분노를 사서 메디치가는 피렌체로부터 추방당하고 만다.

대신 피렌체를 실질적으로 지배하게 된 것은, 로렌초의 죽음을 예언하며 인기를 얻었던 사보나롤라였다. 그는 '피렌체에 암흑이 덮친다'라고 예언하기도 했다. 샤를 8세가 침공해 오자 시민들은 또다시 예언이 적중했다고 믿었다. 사보나롤라에 의해 피렌체에서는 허례허식을 배제한 신정 정치가 시작된다.

위기에 빠진 이탈리아를 통합한 것은 교황 알렉산데르 6세였다. 그는 바티칸 궁전에서 샤를 8세와 회견한다. 샤를 8세는 교황 알렉산데르 6세의 폐위도 고려했던 듯하지만, 결국 알렉산데르 6세에게 굴복한다. 샤를 8세는 알렉산데르 6세 앞에 세 번 무릎을 꿇었다. 알렉산데르 6세는 호사스러운 교황이었고, 그 호사스러움과 종교적인 권위 앞에 프랑스 왕은 아무것도 할 수 없었던 것이다.

그 후 알렉산데르 6세는 샤를 8세에 반대하는 신성 동맹을 체결한다. 여기에 베네치아와 밀라노가 가세하고, 나아가 신성 로마 황제 막시밀리안 1세와 스페인도 가세한다. 사태가 악화되자 샤를 8세는 이탈리아에서 퇴각하지 않을 수 없었다.

샤를 8세가 물러난 후, 피렌체의 사보나롤라는 교황 알렉산데르 6세에게 도전한다. 사보나롤라는 반복해서 알렉산데르 6세를 비난하고, 마침내 '창부 교회'라고까지 단언한다. 알렉산데르 6세는 이에 파문으로 응하고, 피렌체 내에 있던 반(反)사보나롤라파를 지원했다.

반사보나롤라파에는 프란치스코 수도회의 수도사들도 속해 있었다. 그들은 사보나롤라에게 '불의 시련'을 제안하고, 사보나롤라는 이를 받아들였다. 사보나롤라파인 도미니코 수도회의 수도사와 프란치스코 수도회의 수도사가 각각 불 속에 몸을 던

져서 어느 쪽의 신앙이 옳은지 증명하자고 한 것이다. 예로부터 이런 불합리한 방법은 세계 어디에나 있었지만, 르네상스기의 이탈리아에서도 다시 재현되고 있었다.

그러나 사보나롤라는 불의 시련에 참여하기로 한 결정을 번복한다. 잔혹한 쇼를 보고 싶은 마음에 모여든 피렌체 시민은 쇼의 중지에 분개하고, 그 분노는 사보나롤라에게 향했다. 그렇게 사보나롤라는 처형되고 알렉산데르 6세는 대립자를 처치하게 되었다.

그러나 이탈리아와 로마 교황의 위기는 아직 서막에 불과했다. 이탈리아가 유럽 강국의 세력 다툼의 장으로 변해가기 시작한 것이다.

체사레 보르자의 야심
교황의 서자는 강력한 세속 군주에 의한 이탈리아 통일을 목표했다

성직자에게는 원래 정부가 허용되지 않지만, 교황 알렉산데르 6세에게는 정부가 있었고 그 정부를 통해 서자까지 얻었다. 그 서자 중 한 명이 체사레 보르자이다. 체사레는 마키아벨리의

《군주론》의 모델이 된 인물이자 르네상스 제일의 악당이었다.

체사레의 목표는 로마 교황령의 확대였다. 1499년 알렉산데르 6세는 체사레를 교황군 총사령관으로 임명한다. 군대를 운영할 때 제일 먼저 필요한 것은 돈이다. 알렉산데르 6세는 자금을 모으기 위해 면죄부를 남발했을 뿐 아니라, 열두 추기경의 자리를 경매에 부쳐서 돈벌이까지 했다. 체사레는 그 돈으로 프랑스 왕 루이 12세에게 군사를 빌린다.

체사레는 이탈리아의 도시 국가를 상대로 차례차례 전쟁을 시작했다. 첫 시작으로 포를리, 이몰라를 항복시키고 파엔차, 우르비노 등을 점령해 나갔다. 1503년이 되자 피렌체는 고립되었고 체사레의 칼끝은 베네치아로 향했다.

그러나 체사레의 진격은 여기에서 끝난다. 1503년 여름, 로마 교황 알렉산데르 6세가 병사하고 체사레도 병상에 누웠기 때문이다. 후원자를 잃은 체사레는 무력했다. 교황 율리오 2세에게 붙잡힌 체사레는 이탈리아에서 정치 생명이 거의 끊어진다. 체사레는 스페인에서 재기를 꿈꾸지만 끝내 전사하고 만다.

체사레는 교황령을 확장해 나간 뒤 세속 군주가 통치하는 통일 이탈리아를 꿈꾸었다고 한다. 이미 왕권이 강화된 잉글랜드나 프랑스, 스페인에서는 거대한 군대를 동원할 수 있었지만, 이에 비해 도시 국가였던 이탈리아는 권력이 분산되어 있었다. 이탈리아의 도시 국가 체제가 얼마나 무력한지, 프랑스 국왕 샤를 8세의 침공을 겪은 알렉산데르 6세도 체사레도 뼈저리게 깨닫고 있었다.

알렉산데르 6세와 체사레는 유럽의 신앙이 과거만큼 독실하지 않다는 것을 알아차렸다. 신앙과 함께 로마 교황의 권위가 하락했을 때, 로마 교황을 지킬 수 있는 것은 세속적인 교황 국가밖에 없었다.

그래서 보르자가의 부자는 스스로 살아남기 위해, 그리고 자신들의 권력을 확장하기 위해, 로마 교황령을 이탈리아 전역으로 확대하려고 했던 것이다. 강력한 이탈리아 왕이 다스리는 통일 이탈리아를 탄생시키려 했다고 봐도 좋다. 그러나 그들은 결국 좌절하고 이탈리아는 분열한 채 남게 되었다.

교황 율리오 2세의 모순
교황의 권위는 재건되었으나 이탈리아는 열강의 각축장이 되다

체사레 보르자를 감금한 교황 율리오 2세는 교황 식스토 4세

의 조카였으며, 그 또한 네포티즘의 결과물이었다. 율리오 2세는 보르자가와 오랫동안 대립했기 때문에 체사레를 끊어냈지만, 그의 전략은 체사레에게서 물려받은 것이었다.

율리오 2세는 로마 교황의 권위 재건과 로마 교황령의 확대를 도모했다. 교황령을 확대하는 것이 스스로를 지키는 일이자 교황의 권위를 부활시키는 일이라고 생각한 것이다. 체사레가 시작한 교황령 확대 노선은 로마 교황의 세속 군주적 측면을 강하게 하기도 했다.

율리오 2세의 전쟁은 과혹한 환경 아래 시작되었다. 체사레가 손에 넣었던 도시 대부분이 로마 교황령을 배반해서만은 아니다. 한쪽에서 프랑스 왕 루이 12세를 지지하는 세력이 북이탈리아에 자리를 잡으려 하면, 다른 한쪽에서 스페인도 나폴리 시칠리아 왕국에 촉수를 뻗어 프랑스와 경쟁한 끝에 점령해버렸기 때문이다.

그런 와중에 율리오 2세는 베네치아를 약화시키려는 계획에 착수했다. 당시 율리오 2세가 베네치아와 영토 문제로 대립했기 때문이다.

하지만 율리오 2세의 교황군이 단독으로 베네치아에 이길 리가 없기에, 율리오 2세는 강대국을 자신의 편으로 끌어들인다.

그는 프랑스의 루이 12세, 신성 로마 황제 막시밀리안 1세, 스페인 국왕 페르난도와 손을 잡고 '캉브레 동맹'을 결성했다. 베네치아군은 프랑스군과의 전쟁에서 엄청난 타격을 받고, 율리오 2세는 세력 확장에 성공한다.

그러나 율리오 2세는 정황이 불리하다는 사실을 금방 깨닫는다. 베네치아에 승리한 프랑스가 밀라노 공국을 지배하에 두고, 토스카나까지 영향력을 뻗은 것이다. 율리오 2세는 스페인과 베네치아, 스위스와 새로운 동맹을 맺고 프랑스에 대항한다. 율리오 2세의 동맹군과 프랑스군의 전쟁은 프랑스군의 승리로 끝나지만, 총사령관인 가스통 드푸아가 전사하자 '사령관 없는 사태'에 직면한 프랑스군은 어쩔 수 없이 철수한다.

덕분에 율리오 2세는 '이탈리아의 해방자'라고 칭송받으며 서거한다. 로마 교황령을 확보했으니 로마 교황의 권위는 회복되었다고도 할 수 있다. 하지만 전체적으로 보면 이탈리아는 외세의 각축의 장이 되고 말았다. 밀라노 공국은 합스부르크가의 영향 아래 놓이고 피렌체에서도 스페인의 입김이 세졌다.

교황 율리오 2세는 외교력을 바탕으로 적들을 계속 물리쳐 나갔지만, 새로운 세력들을 이탈리아로 불러들여 풍요로운 이탈리아를 호시탐탐 노리게 만들고 말았다. 율리오 2세 이후, 상황은 더욱 악화되어 교황들을 궁지에 몰아넣고 만다.

바티칸의 의문 ⑤

왜 바티칸은 스위스 근위병이 지키는가?

현재 바티칸의 명물 중 하나는 바티칸을 지키는 스위스 근위병이다. 화려한 의장으로 관광객에게 인기 만점인 스위스 근위병들이 바티칸에 등장한 것은 르네상스 시대의 일이다.

16세기 초, 이탈리아반도는 본문에서 소개했듯이 신성 로마 황제와 프랑스 왕이 다투는 이탈리아 전쟁의 무대가 되었다.

로마의 치안이 악화되자, 교황 율리오 2세는 바티칸에 호위 병사가 필요하다는 사실을 깨달았다.

율리오 2세는 당시 유럽 최강으로 촉망받던 스위스 병사들에게 주목했다. 스위스 병단은 견고한 방진(方陣)을 치면서 긴 창으로 내리찍어 호평을 받던 정예 군단이었다. 율리오 2세는 그런 스위스 병사들의 힘을 필요로 한 것이다.

더구나 스위스 병사들은 충성스러웠다. 스위스 병단은 1515년 신성 로마 황제와 프랑스 국왕의 전쟁에 투입되어 막대한 손상을 입었다. 스위스 병사들의 지위는 하락했지만, 바티칸을 지키는 스위스 호위병은 용감했다.

1527년 신성 로마 황제군이 자행한 '로마 약탈'에서도 스위스 호위

병의 대다수는 바티칸을 떠나지 않고, 전멸이나 다름없는 전쟁에 뛰어들었다. 그 용맹함과 충성스러움을 기리며 오늘날까지 바티칸의 호위병을 맡게 된 것이다.

중남미로의 확대

스페인의 신대륙 진출과 연결된 가톨릭 선교

1492년 콜럼버스가 아메리카 대륙에 도착한 뒤, 스페인과 포르투갈은 해양 진출을 시작한다. 콜럼버스를 지원하던 스페인은 중남미 진출에 열심이었다. 스페인은 교황 알렉산데르 6세에게서 베르데곶 서쪽 560km의 자오선(교황 자오선) 서쪽에서 발견된 토지는 모두 스페인령으로 삼는다는 내용의 교서를 받았다.

이 결정선은 포르투갈의 항의 때문에 변경하게 되었고, 교황 알렉산데르 6세의 중재하에 1494년에 토르데시야스 조약을 맺는다.

분할선은 서쪽으로 150km 더 이동했으며, 분할선 서쪽에서 새로 발견된 땅은 스페인령, 동쪽에서 발견된 땅은 포르투갈령으로 삼기로 약속한다.

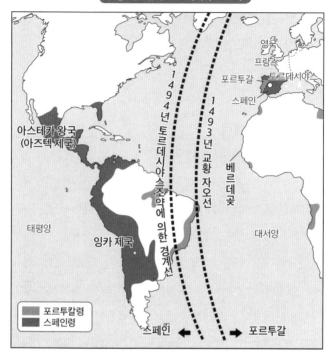

교황 자오선과 토르데시야스 조약

영국
프랑스
포르투갈   토르데시야스
스페인
베르데곶

아스테카왕국
(아즈텍 제국)

1494년 토르데시야스 조약에 의한 경계선

1493년 교황 자오선

태평양

잉카 제국

대서양

포르투칼령
스페인령

스페인 ← → 포르투갈

이렇게 해서 중남미에 진출한 스페인은 중남미의 부를 손에 넣는데, 이때 가톨릭 선교가 함께 이루어졌다. 스페인 왕실이 신대륙에 가톨릭을 전하는 것을 거룩한 사명으로 생각했기 때문이다. 스페인 왕가는 이베리아반도에서 이슬람 세력을 몰아내는 레콩키스타Reconquista(국토 회복 운동)를 주도해왔다. 이슬람과 직접 대적했기 때문에 가톨릭 신앙이 깊어져, 신대륙 주민들에게 가톨릭의 신앙을 강요했던 것이다. 선교의 중심이 되었던 것은 프란치스코 수도회의 수사들이었다.

스페인의 가톨릭 선교는 엥코미엔다Encomienda(*국왕이 식민지 정복자들에게 원주민을 위탁하는 제도)로 이루어졌다. 스페인 출신 정착자들은 스페인 왕가에서 통치권을 위탁받는 형태로 현지 원주민을 보호하며 가톨릭으로 개종시켰다. 원주민들은 기독교의 은혜를 입은 대가로 노동을 제공하고 세금을 바쳤다. 이렇게 현지를 가톨릭화하며 지배해 나갔지만, 실제로 엥코미엔다는 그저 원주민의 노예화에 불과했다.

도미니코 수도회의 수도사 라스카사스(*아메리카에 파견된 수도사로 현지 인디언들의 열악한 처우 개선을 위해 노력했으며, 서인도 제도에서 자행된 인디언 학살과 정복 행위를 고발하는 책을 집필했다)는 현지에서 일어나는 노예화의 비참한 실태를 목격하고, 스페인 국왕에게 엥코미엔다 폐지를 호소하는 서간을 보낸다. 하지만 그 무렵에는 이미 엥코미엔다 제도가 현지에 깊이 정착하여 스페인 왕가가 번복할 수 있는 사안이 아니었다. 이렇게 엥코미엔다와 연동하여 중남미는 가톨릭이 되어갔다.

한편 북아메리카의 경우에는 영국인과 프랑스인이 많이 진출했고, 특히 영국인들이 정착에 성공했다. 그들은 담배를 발견하여 이를 재배하고 수출하며 자립해 나갔다. 특히 뉴잉글랜드 일대는 17세기에 칼뱅파가 이주하게 되어, 북아메리카 대륙은 프로테스탄트화 되었다. 같은 아메리카 대륙에서도 북미와 중남미가 상당히 이질적인 것은 이러한 종교 내력에 의한 것이다.

종교 개혁

교회의 권위를 실추시킨 종교 개혁의 원동력은 인쇄 혁명이었다

교황 율리오 2세가 사망한 후, 레오 10세가 새 교황으로 선출되었다. 레오 10세의 아버지는 피렌체의 영화를 구축한 로렌초 데 메디치였다. 다시 말해 그는 메디치가 출신 교황이다.

레오 10세는 교황이 되기 전 향락적인 생활을 하며 그리스 로마 문화에 대한 학식을 쌓았다. 이교 문화에 능통하고 향락을 즐긴다는 점에서 교황에 적합하지 않은 인물이라고도 할 수 있었지만, 그는 훌륭한 인품 덕분에 교황이 되었다.

레오 10세는 교황으로 선임되었을 때, "자, 신께서 내게 주신

교황의 자리를 마음껏 즐겨야 하지 않겠는가"라고 말했다고 한다. 실제로 그는 자신의 말대로 향락에 열중하고 문화에 투자했다. 당연히 교황청의 자금도 바닥이 드러났고, 면죄부나 추기경의 지위를 팔아 수입을 얻어야만 했다.

그런 시대 상황에서 알프스 북쪽, 독일에서는 비텐베르크 대학의 신학 교수 마르틴 루터에 의한 종교 개혁이 시작된다. 1517년, 루터는 비텐베르크 성내 교회의 문에 '95개조의 논제'를 써 붙였다. 거기에는 교황의 면죄부는 죄를 사하여 줄 수 없으며, 인간은 오직 신앙에 의해서만 구원받을 수 있다고 쓰여 있었다.

교황 율리오 2세 시대에 로마를 방문했던 루터는 로마가 얼마나 타락했는지 몸소 체감했다. 그래서 루터는 로마를 비판하지 않을 수 없었다.

옛날이었다면 95개조의 논제를 제기한 루터도 그저 시골 괴짜로 끝났을지도 모른다. 하지만 인쇄 기술이 발전하며 95개조의 논제는 인쇄되어 독일 전역으로 퍼졌고, 루터는 지지를 얻기 시작했다.

독일의 구텐베르크가 최초의 인쇄기를 만든 것은 15세기 중반의 일이다. 그 후 유럽에 인쇄 기술이 보급되며 독일어, 프랑스어, 이탈리아로 번역된 성경이 인쇄되기 시작했다. 이제까지 라턴어를 읽지 못하는 일반 대중들은 성경을 읽을 수 없었지만, 독일어 등으로 번역된 성경이 나오자 모든 사람이 직접 성경을 접할 수 있게 되었다. 루터의 사상도 그 인쇄 혁명 덕택에 널리 퍼질 수 있었던 것이다. 일찍이 르네상스기의 교황 알렉산데르 6세는 가톨릭 신앙을 지키려면 인쇄물 규제가 필요할 것이라고 생각했다는데, 과연 그 염려는 적중했다.

루터파의 세력이 커진 1521년, 신성 로마 황제 카를 5세는 보름스 국회에 루터를 소환한다. 루터는 카를 5세 앞에서 이렇게 말했다.

"나는 어떠한 권위에도 무릎 꿇지 않겠습니다. 교황의 권위도 공의회의 권위도 마찬가지입니다. 그들은 이미 몇 번이나 모순된 결정을 내려왔으니까요. 나는 성경과 나의 양심 이외의 어떤 것에도 속박될 수 없습니다."

이렇게 해서 루터와 카를 5세의 만남은 결렬되고 말았다.

그렇다고 해서 카를 5세가 루터에게 위해를 가하는 일은 없었다. 교황 레오 10세가 루터를 파문하면서도 그의 신변의 안전을 보장하려 했기 때문이다. 향락적으로 살던 레오 10세는 루터의 언동을 가볍게 받아들였다. 그는 기독교인들이 가톨릭을 떠나기 시작했다는 것을 이해하지 못하고 있었다.

독실한 기독교인에게 참신하면서도 가톨릭처럼 강압적이지 않은 루터의 가르침은 매력적으로 다가왔다. 가톨릭 수도사들이 민중을 내려다보는 시선으로 가르치던 것과 달리, 루터파는 민중과 대등한 입장에서 접근하고 그들이 이해하기 쉬운 말로 이야기했다.

신실하지 않은 기독교인에게도 루터파는 매력적이었다. 이제까지 신도들은 헌금이나 십일조 등의 형태로 로마에 착취당하고 있었다. 앞서 말했듯 독일은 수입의 3분의 2를 로마에 갖다 바치기도 했다(120페이지 참조). 하지만 루터파를 믿으면 로마의 수탈에서 벗어날 수 있었고, 이것만으로도 루터파는 매력적이었다.

로마 약탈
로마 교황은 이제 세계의 중심이 아니다

독일에서 루터파가 늘어가는 가운데, 로마 교황은 몰락의 날을 맞이한다. 1527년 신성 로마 황제 카를 5세의 군대가 '로마 약탈Sacco di Roma'을 일으켰기 때문이다. 교황 클레멘스 7세는 카를 5세의 포로가 되었다.

로마 약탈에 이르기 전까지, 유럽에서는 합스부르크가의 신성 로마 황제 카를 5세와 프랑스 국왕 프랑수아 1세가 패권을 다투었다. 특히 신성 로마 황제 카를 5세는 스페인 왕도 겸했기에 강대한 힘을 가지고 있었다. 그의 조부는 신성 로마 황제 막시밀리안 1세였고, 어머니인 후아나는 통일 스페인을 구축한 페르난도 5세와 이사벨 1세의 딸이었다. 스페인에서는 카를 5세를 카를로스 1세라고 불렀다.

프랑스 국왕 프랑수아 1세는 카를 5세가 강해지는 것을 두려워해, 카를 5세에게 갖가지 방법으로 대항했다. 양측이 세력 다툼을 벌였던 장소가 이탈리아반도였다. 이탈리아에는 저항 세력이 없었다. 로마 교황군은 약했고 베네치아에는 과거만큼의 힘이 없었다. 프랑수아 1세는 카를 5세에게 이탈리아를 넘겨주고 싶지 않았고, 카를 5세는 이탈리아를 집어삼키고자 했다.

둘의 대립은 1525년 이탈리아의 파비아 전투로 발전하고, 카를 5세의 군대는 승리를 거둔다. 프랑수아 1세는 한때 포로가 되기도 했다.

이후 교황 클레멘스 7세는 카를 5세가 이탈리아에서 패권을 장악하는 것을 두려워해, 프랑스, 베네치아와 함께 '코냑 동맹'을 결성한다. 카를 5세는 교황 클레멘스 7세의 적대적 행위에 격노한다. 카를 5세는 로마에 징벌군을 파견했고, 이로 인해 로마 약탈이 발생했다.

로마로 향한 군대는 스페인의 가톨릭 병사와 독일의 '란츠크네흐트 군단(*15세기 후반에서 16세기까지 유럽에서 활동한 독일의 용병 보병단으로, 화려한 복장이 특징이었다)'이었다. 란츠크네흐트 군단의 병사들은 열렬한 루터파였고, 교황이나 로마에 대해 어떤 존경심도 가지고 있지 않았다. 오히려 루터가 규탄했을 만큼 타락한 로마를 응징하기 위해 파괴를 서슴지 않았다. 란츠크네흐트 군단뿐 아니라 가톨릭 스페인 병사들까지도 성 베드로 대성당과 바티칸 궁전을 습격하고 약탈을 저질렀다. 교황 클레멘스 7세도 붙잡혀 포로가 되었다. 전성기 르네상스와 로마의 번영이 끝나게 된 사건이었다.

이후 카를 5세는 막대한 배상금과 교황령 일부 양도를 약속받고 교황 클레멘스 7세를 풀어준다. 신성 로마 황제 카를 5세에게 이미 로마 교황을 향한 존경심은 없었다. 교황은 몰락한 세속 군주처럼 취급되었던 것이다.

로마 약탈은 교황의 구심력이 격감했으며, 세계의 중심이 더 이상 로마가 아니라는 사실을 유럽에 알렸다. 교황의 영광의 시대는 끝을 고한 것이다.

아우크스부르크 화의

프로테스탄트와 타협 끝에 맺은 평화 조약에 종교의 자유는 없었다

알프스 남부에서 로마 교황 클레멘스 7세를 완전히 굴복시킨 신성 로마 황제 카를 5세였지만, 알프스 북부에서는 사정이 달랐다. 그는 루터파를 제압하지 못했고 양보를 강요당했다.

1529년 카를 5세는 칙령을 공표하여 루터파 제후국에 루터파의 전례를 공인하며 가톨릭 신앙의 자유도 함께 인정했다. 반면 가톨릭 제후국에는 루터파의 전례를 금지했다. 루터파는 이 불평등에 항의Protest(프로테스트)했다. 여기서 신교도를 의미하는 '프로테스탄트Protestant'라는 말이 생겨났다.

이어서 1555년에 아우크스부르크 국회에서 타협안이 성립했다. 종교 화의를 통해 '영주가 믿는 종교를 그 지역에서 믿게 한다Cuius regio, eius religio'라는 원칙을 확정한 것이다. 다시 말해 영주가 프로테스탄트면 프로테스탄트를 믿어야 하고, 영주가 가톨

릭이면 가톨릭을 믿어야 했다. 이는 프로테스탄트에게 한발 양보한 셈이었고, 로마 교황은 이에 반대했다.

아우크스부르크 화의는 가톨릭과 프로테스탄트 사이의 타협점이긴 했지만, 거기에 개인에 대한 신앙의 자유는 없었다. 이 시대의 기독교 세계에서는 여전히 신앙이 강요되고 있었다.

신성 로마 황제 카를 5세가 프로테스탄트와 타협한 이유는 나라를 둘로 나눌 수는 없기 때문이었다. 이미 말했듯 로마 약탈 당시 프로테스탄트의 란츠크네흐트 군단은 큰 전력이 되었다. 군사력을 유지하기 위해서라도 카를 5세는 프로테스탄트를 무너뜨릴 수 없었다.

더구나 카를 5세는 오스만 제국에게서도 위협을 당하고 있었다. 오스만 제국의 전성기를 구가한 술레이만 1세는 1526년 헝가리를 제압하고 1529년 빈을 포위했다. 카를 5세의 남동생인 오스트리아 대공 페르디난트가 빈을 지키고 있었지만, 빈은 한때 함락 직전까지 처하기도 했다. 그런 위기의 연속에서 프로테스탄트의 협력이 꼭 필요했던 것이다.

칼뱅파

근대화의 엔진이 된 강한 직업의식과 축재 의식

루터파에서 시작된 프로테스탄트는 그 후 유럽 각지에 퍼져나 갔다. 스위스 제네바에서는 칼뱅, 취리히에서는 츠빙글리가 등 장했다. 츠빙글리는 1531년 카펠 전투(*츠빙글리의 종교 개혁으로 인해, 스위스 남쪽 카펠에서 신교도와 구교도 간에 벌어진 전쟁)에서 전 사하지만, 칼뱅은 제네바의 독재자가 되어 금욕적인 생활을 강요 한다.

칼뱅파는 훗날 최대 규모의 프로테스탄트 집단이 된다. 칼 뱅파는 알프스 북부 유럽으로 퍼져나가 프랑스에서는 위그노 Huguenot, 네덜란드에서는 회전Geusen(거지당), 잉글랜드에서는 퓨리턴Puritan(청교도) 등으로 부르게 되었다.

16세기 초 유럽에서는 스페인과 포르투갈 등 가톨릭 국가가 바다로 진출하여 번영을 이루었다. 하지만 그 후 이탈리아를 포 함한 많은 가톨릭 국가가 몰락하며, 네덜란드와 잉글랜드가 부 상하고 프랑스와 독일이 그들을 뒤쫓는 시대가 된다. 어느 쪽이 든 온전한 가톨릭 국가는 아니었다. 잉글랜드와 네덜란드는 칼 뱅파의 색채가 짙었고, 프랑스와 독일에도 칼뱅파가 있었다. 이

나라들은 유럽의 근대화와 자본주의를 주도해 나갔는데, 이는 칼뱅파라는 엔진이 있었기 때문이다.

칼뱅파는 직업의식과 축재 의식이 강했다. 가톨릭에서 노동이 일종의 형벌이었다면, 칼뱅은 세속적 노동을 신께 부여받은 사명이자 천직으로 여겼다. 더구나 칼뱅은 이자를 인정했다.

상공업자들은 칼뱅이 설파한 직업 윤리와 축재 의식을 받아

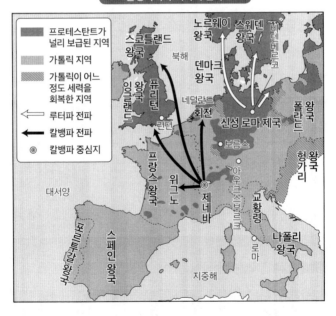

칼뱅파와 루터파의 전파

들였다. 칼뱅파인 상공업자들은 노동에서 의의를 발견하고 열심히 일했으며, 재산을 모으기 위해 꾸준히 노력하고 기도했다. 이것이 유럽에 자본주의를 확립하고 선진국으로 발전하는 원동력이 되었던 것이다.

영국 국교회의 성립

로마 교회의 족쇄에서 풀려난 헨리 8세의 잉글랜드

유럽에 프로테스탄트가 널리 퍼져나가던 가운데, 헨리 8세가 다스리던 잉글랜드는 처음으로 가톨릭에서 떨어져 나온 나라가 되었다. 1534년 헨리 8세는 '국왕 지상법(*영국 국왕을 영국 교회의 최고 수장으로 규정한 법률)'을 제정하고, 가톨릭에서 분리된 영국 국교회를 설립한다. 그리고 국왕 헨리 8세는 스스로 영국 국교회의 수장이 되었다.

헨리 8세는 원래 열성적인 가톨릭 신자였으며 루터에 대해 비판적이었다. 그랬던 헨리 8세가 로마에 등을 돌리게 된 것은 이혼 문제 때문이었다.

헨리 8세는 스페인 아라곤 왕가 출신의 캐서린을 왕비로 맞았지만, 두 사람 사이에는 아들이 태어나지 않았다. 헨리 8세는 시녀인 앤 불린과 결혼하기 위해 캐서린과 이혼하려고 했다. 하지만 교황 클레멘스 7세는 이를 단호히 거절했기 때문에 헨리 8세는 이혼하기 위해 로마 교회를 떠난 것이다. 클레멘스 7세는 헨리 8세를 파문하지만, 아무 소용도 없었다.

교황 클레멘스 7세가 헨리 8세의 이혼을 인정하지 않았던 것은 종교적인 이유도 있지만, 신성 로마 황제 카를 5세가 두려웠기 때문이었다. 카를 5세는 캐서린의 조카였다.

교황 클레멘스 7세가 그녀의 이혼을 인정한다면 카를 5세는 분노할 것이다. 클레멘스 7세는 이미 로마 약탈로 인해 카를 5세에게 단단히 혼이 났다. 클레멘스 7세는 더 이상 카를 5세의 심기를 건드리고 싶지 않았다.

헨리 8세의 개인 사정에 의한 영국 국교회의 성립은 그의 호주머니를 두둑이 만드는 결과를 낳았다. 헨리 8세가 영국 국교회에 반대하는 가톨릭 수도원을 해체하고, 그 자산을 몰수했기 때문이다.

이후 잉글랜드에서는 친가톨릭 여왕 메리(헨리 8세와 캐서린의 딸)가 등장하기도 하지만, 전체적으로 반가톨릭화가 진행된다. 잉글랜드는 반가톨릭 국가가 된 것이다.

가톨릭 개혁과 예수회

로욜라와 사비에르에 의한 수도회가 가톨릭의 재부흥에 앞장서다

유럽 알프스 북부에서 프로테스탄트가 힘을 얻기 시작하던 시기, 알프스 남부에서는 가톨릭의 새로운 움직임이 시작된다. 교황 클레멘스 7세의 뒤를 이은 교황 바오로 3세가 가톨릭 개혁에 착수한 것이다. 그는 개혁파 추기경을 등용하여 반격에 나서고자 했다.

교황 바오로 3세는 1545년부터 북이탈리아의 트리엔트(트렌토)에서 공의회를 개최했다. 원래 트리엔트 공의회의 목표는 프로테스탄트와 화해하는 것이었지만, 신교도가 참가하지 않았기 때문에 가톨릭 내부 개혁이 주제가 되었다.

교황 바오로 3세 때 가톨릭 반격의 최강 조직이 되었던 것이 예수회였다. 스페인의 이냐시오 데 로욜라가 이끄는 예수회는 가톨릭 전도에 앞장서고자 하는 포부가 있었다.

로욜라는 원래 군인이었는데, 신성 로마 황제 카를 5세와 프랑스 국왕 프랑수아 1세의 전쟁에서 중상을 입는다. 그 후 로욜라는 열렬한 가톨릭 신도가 되어 고행을 자행했다. 그런 로욜라에게 접근한 것이 스페인의 프란시스코 사비에르(프란치스코 하

비에르)와 사보이아가 출신의 피에트로 파브레Pietro Favre였다. 세 사람은 단결하여 군대식의 엄격한 규율로 구성된 예수회를 조직한다.

1540년 교황 바오로 3세는 예수회를 정식으로 인가하고, 예수회는 교황에 충성을 맹세한다. 예수회의 수사들은 유럽에서 프로테스탄트에 반격할 뿐 아니라, 기독교가 전파되지 않은 전 세계를 향해 선교할 것을 다짐한다.

당시 가톨릭 국가인 스페인과 포르투갈에서는 해양 진출이 성행했는데, 스페인과 포르투갈의 상선이 가는 곳마다 예수회 선교사의 모습을 찾아볼 수 있었다. 사비에르도 인도를 거쳐 중국과 일본에 도착한다.

레판토 해전
가톨릭이 오스만 제국을 상대로 최후의 군사적 대승리를 거두다

가톨릭의 반격이 시작된 16세기 중반 로마 교황이 가장 의지했던 것은 스페인이었다. 스페인에서는 황제 카를 5세(카를로스 1세)의 아들 펠리페 2세가 왕위를 상속했는데, 그는 가톨릭 세계

의 맹주를 자처했다.

펠리페 2세는 스페인뿐 아니라 나폴리 왕국과 밀라노를 지배 하에 두고, 신대륙에서 부를 끌어모았다. 1580년에는 일시적이 지만 포르투갈을 점령하며 스페인은 최대의 가톨릭 국가이자 유럽 최강의 국가가 되었다.

교황 클레멘스 7세 시절에 신성 로마 황제이자 스페인 왕이던 카를 5세는 확실히 위협적인 상대였고, 클레멘스 7세는 카를 5 세에게 굴욕을 맛보았다. 하지만 교황 비오 4세 이후 스페인과의 관계는 개선되었다.

펠리페 2세와 로마 교황이 가장 큰 승리를 거두었던 것은 1571년의 레판토(현 그리스의 도시) 해전이었다. 레판토 해전은 오 스만 제국의 베네치아령 키프로스 침공에 대항하여 스페인, 로 마 교황, 베네치아가 연합 함대를 수립해 오스만 제국 함대에 승 리한 사건이다.

오스만 제국은 당시 세계 최강의 제국이었다. 로마 교황도 오 스만 제국의 압박에 계속 시달렸지만, 마침내 대항의 일격을 가 할 수 있었다. 이는 가톨릭의 찬란한 군사적 대승리이자 최후의 대승리였다.

왜냐하면 곧바로 핵심 세력인 스페인이 몰락하기 때문이다.

이때부터 스페인은 잉글랜드나 네덜란드 같은 프로테스탄트 국가의 도전을 받기 시작한다. 잉글랜드와 네덜란드를 상대하느라 국력을 소모한 스페인은 강대국의 자리에서 물러나게 된다.

가톨릭을 지원하던 강대국이 몰락할수록 교황의 힘도 약해지게 되었다.

위그노 전쟁과 네덜란드 독립 전쟁
프로테스탄트와의 종교 전쟁에서 열세가 된 가톨릭

알프스 북부에서 프로테스탄트 세력이 커지며 곳곳에서 가톨릭과 대립하고, 서유럽 주요국에서는 종교 내전이 일어나기 시작했다.

먼저 프랑스에서는 1562년부터 위그노 전쟁이 발발한다. 프랑스는 가톨릭 국가였지만, 나바라(*에스파냐와 프랑스에 걸친 나바라 지방에 세워진 바스크인의 왕국으로, 훗날 에스파냐 왕국과 프랑스 왕국에 각각 합병되었다) 왕 앙리가 위그노가 되었고, 섭정인 카트린 드메디시스도 위그노에게 유화적이었다. 그러자 이에 반발한 가톨릭 세력이 위그노를 박해하며 가톨릭과 위그노의 보복전이 되어버렸다.

프랑스에서는 8차에 걸친 내전이 일어나며, 1572년 위그노를 대거 학살한 '성 바르톨로메오의 학살'을 초래했다. 교황 그레고리오 13세는 이 학살을 지지했다. 내전 중이던 1589년 프로테스탄트에 유화적이라는 이유로 프랑스 국왕 앙리 3세가 가톨릭 신도에게 암살당하며 발루아 왕조는 명맥을 다했다.

약 36년에 걸친 내전을 종식한 것은 나바라 왕이던 부르봉 왕가의 앙리였다. 프로테스탄트였던 그는 가톨릭 세력을 달래기 위해 가톨릭으로 개종하고 앙리 4세로 즉위한다. 이것이 부르봉 왕조의 시작이다.

1598년 앙리 4세는 낭트 칙령을 공표하고 위그노에게 종교의 자유를 보장한다. 낭트 칙령을 통해 가톨릭과 프로테스탄트를 화해시키고자 한 앙리 4세였지만, 그 또한 과격한 가톨릭 신도에게 암살당한다.

위그노 전쟁이 한창이던 시기, 네덜란드에서는 스페인을 상대로 한 독립 전쟁이 발발했다. 16세기 중반 네덜란드는 가톨릭 대국인 스페인의 지배를 받고 있었다. 스페인 국왕 펠리페 2세는 네덜란드의 신교도에게 가톨릭을 강요했기 때문에 신교도들의 반발을 샀다. 그들은 '회전(거지당)'이라고 불리는 게릴라 조직을 만들어 저항을 시작했고, 펠리페 2세는 과격한 탄압으로 응수했다.

　네덜란드의 프로테스탄트 탄압은 민족 투쟁과 결합하며 독립 전쟁으로 이어진다. 1568년 네덜란드에서는 오렌지 공 빌럼이 지도자가 되어, 스페인을 상대로 독립 전쟁을 시작했다. 네덜란드의 남부 10주는 전쟁에서 발을 뺐지만, 북부 7주는 1581년에 네덜란드에서 독립 선언을 공표했다. 교황 그레고리오 13세는 스페인을 지지했지만, 결국 프로테스탄트인 네덜란드가 독립을 쟁취했다.

일본 기독교의 탄압

에도 막부는 가톨릭의 침략을 두려워해 신분 증명 제도를 실시했다

　유럽에서 위그노 전쟁과 네덜란드 독립 전쟁이 한창이던 시기, 일본에서는 '기리스탄 다이묘(*キリシタン大名, 일본 전국 시대부터 에도 시대 초기까지, 기독교에 입교하여 세례를 받은 다이묘. 기리스탄은 크리스천의 일본식 발음이고 다이묘는 무사 계급의 영주를 뜻한다)'가 탄생한다. 1549년 예수회의 선교사 프란시스코 사비에르

는 일본으로 건너와 선교를 시작했다. 사비에르가 일본에 온 이후, 예수회를 시작으로 여러 선교사가 일본을 방문해 가톨릭을 전하고자 했다. 그들의 활동으로 인해 기리스탄 다이묘가 생겨나게 되었다.

기리스탄 다이묘는 규슈에서 일대 세력을 이루었다. 1563년 히젠의 영주 오무라 스미타다(*최초의 기리스탄 다이묘로 나가사키항을 개항한 인물로도 잘 알려져 있다)를 시작으로, 분고의 오토모 소린(본명은 오토모 요시시게), 히젠의 아리마 하루노부(*오무라 스미타다의 조카)가 기리스탄 다이묘가 된다. 특히 오토모 소린은 가장 큰 세력을 가진 기리스탄 다이묘로 한때는 규슈를 제압하다시피 했다. 오무라 스미타다는 로마 교회에 나가사키를 바쳐서 일본에도 로마 교회령이 생기게 되었다. 기리스탄 다이묘는 기나이(*畿內, 일본의 옛 수도권)까지 세력을 펼쳤으며 전부 10명이 넘었다.

일본에 기리스탄 다이묘가 등장하게 된 것은 선교사들이 다이묘의 교화를 최우선으로 했기 때문이다. 앞서 말한 아우크스부르크 화의를 통해 '영주가 믿는 종교를 그 지역에서 믿게 한다'라는 원칙이 정해졌다. 전국 다이묘가 가톨릭으로 개종하면 그 백성들도 가톨릭을 믿어야 했다. 기리스탄 다이묘들은 영지의 백성들에게 개종을 강요하고 신사와 불각을 파괴하며 가톨릭을 전했다.

하지만 일본의 기리스탄 다이묘는 1590년 이후 사라지기 시작한다. 도요토미 히데요시가 기독교를 배척했기 때문이다. 그는 원래 가톨릭에 이해심을 보였지만, 규슈로 원정을 떠나 전국 다이묘들을 평정하는 과정에서 가톨릭의 침략성을 깨달았다. 스페인은 이미 가톨릭을 전도하며 중남미를 침략했고, 가톨릭 선교와 스페인의 영토 확대는 한 패가 되어 있었다. 그들은 필리핀에서도 똑같이 행동했다. 이를 깨달은 도요토미 히데요시는 가톨릭을 일본 통일의 적으로 간주했다.

도요토미 히데요시의 사고방식은 도요토미 정권을 찬탈한 도쿠가와 이에야스에게도 그대로 이어진다. 도쿠가와 이에야스는 금교령을 내리고 기리스탄을 강제로 개종시켰으며, 이를 따르지 않는 선교사와 기독교 신자는 국외로 추방했다. 그래도 기독교 신자를 다 없애지 못했고, 1637년에는 기독교인들이 중심이 되어 시마바라의 난(*규슈의 시마바라에서 기독교 박해와 가혹한 세금 수탈이 원인이 되어 발생한 대규모 민란)을 일으킨다. 유럽의 종교 내전이 일본에서도 일어나게 된 것이다.

그 후, 에도 막부(*옛 도쿄 지역에 도쿠가와 이에야스가 수립한 무신 정권)에서는 기리시탄을 근절하기 위해 '신분 증명 제도(寺請制度, 데라우케 제도)'를 도입했다. 모든 주민들은 조상의 위패를 모신 절에 소속되어 그 절에 시주하는 것으로 신분을 증명받을 수 있었다. 절에서 마을 사람들의 호적을 관리했으며 주민들을 통제했다.

신분 증명 제도에서 기독교를 제외한 신도(*神道, 일본의 토속신앙)나 음양도(*음양오행의 이치로 우주의 원리와 인간의 길흉을 판단하는 신앙), 수험도(*修験道, 산에서 수행하며 깨달음을 얻는 산악 신앙)는 배척받지 않았지만, 불교를 강요하는 것은 여전했다. 이러한 신분 증명 제도는 현재까지도 지방에 정착하여 일본인을 속박하고 있다. 기독교의 불관용이 현대 일본에까지 영향을 남긴 것이다.

청교도 혁명과 30년 전쟁

영국과 독일에서 피가 피를 부르는 종교 대립이 일어나다

16세기부터 시작된 알프스 북부의 종교 내전은 17세기 전반까지 이어졌는데, 잉글랜드의 내전은 퓨리턴(청교도) 혁명의 형태

로 나타났다.

잉글랜드에서는 퓨리턴 혁명 이전부터 반가톨릭이 열기를 띠고 있었다. 로마 교황 비오 5세는 엘리자베스 1세를 파문하지만, 엘리자베스 1세는 오히려 '반가톨릭법'을 제정하여 잉글랜드인에게 개종을 요구하던 가톨릭 사제들을 고문하고 처형한다. 엘리자베스 1세는 잉글랜드에서 큰 지지를 얻었다.

엘리자베스 1세가 사망하고 튜더 왕조가 끊어진 뒤 스튜어트 왕조로 바뀌고 나서도 잉글랜드의 반가톨릭 성향은 여전히 강했고, 청교도 혁명이 일어난다.

청교도 혁명은 흔히 시민 혁명으로 이야기되지만, 사실은 종교 내전에 가까웠다. 찰스 1세는 친가톨릭 성향의 국왕이었기에 의회와 대립했고, 결국에는 왕당파와 의회로 분열되어 내전에 돌입했다.

내전을 종식시킨 것은 의회파의 크롬웰이었다. 그는 네이즈비 전투(*1645년 청교도 혁명 중에 잉글랜드 네이즈비에서 의회군과 국왕군이 맞붙은 전투)에서 왕당파를 이기고 국왕 찰스 1세를 구속한 뒤 1649년 처형해 버린다. 퓨리턴이었던 크롬웰은 엄격한 규율에 따르는 퓨리턴 병사들을 이끌고 승리를 거두었다. 크롬웰이 국왕을 처형한 것도 자신이 반가톨릭이었기 때문이다.

한편 독일의 종교 대립은 1618년에 이르러 30년 전쟁으로 발전한다. 사건은 스페인의 합스부르크가 출신 페르디난트 2세가 보헤미아 국왕으로 임명된 데서 시작되었다. 페르디난트 2세는 예수회 교육을 받은 엄격한 가톨릭이었고, 국왕이 되자마자 보헤미아의 프로테스탄트를 탄압하기 시작했다. 이에 프로테스탄트가 봉기하며, 보헤미아의 종교 내전으로 인해 30년 전쟁이 시작되었다.

신성 로마 황제이기도 했던 페르디난트 2세는 보헤미아를 침공했고, 스페인도 여기에 협력했다. 이는 독일 프로테스탄트의 위기이기도 했기에, 같은 프로테스탄트 국가인 덴마크의 크리스티안 4세, 스웨덴 국왕 구스타브 아돌프도 프로테스탄트 측에 서서 참전했다.

이렇게 해서 30년 전쟁은 가톨릭인 스페인과 프로테스탄트인 스웨덴, 덴마크 등을 끌어들이며 독일을 황폐하게 만들었다.

교황의 상징색은 원래 흰색이 아니다!

로마 교황의 상징색 하면 흔히 흰색을 떠올린다. 현재 로마 교황은 하얀 그릇 모양의 모자를 쓰고, '지마라(Zimarra)'라고 하는 흰 사제복을 입고 있다.

하지만 교황의 의복이 처음부터 흰색이었던 것은 아니다. 사실 16세기까지 교황의 옷은 추기경과 똑같이 진홍색이었다. 그러다 흰색으로 바뀌게 된 것은 1566년 즉위한 비오 5세에 의해서다.

가톨릭 개혁을 추진하고 엘리자베스 1세를 파문한 비오 5세는 원래 도미니코 수도회의 수도사였다. 도미니코 수도회에서는 신을 향한 기쁨을 나타내는 흰색을 중시해서, 도미니코 수도회 수도사들은 흰색 수도복을 많이 입었다. 청빈을 중시하는 비오 5세는 수도사 시절부터 입었던 흰옷을 그대로 입은 채 교황이 되었으며, 그 후로 교황들은 하얀 사제복을 입게 된 것이다.

또한 역대 많은 교황들은 '티아라'라고 하는 삼중관을 썼다. 삼중의 교황관은 통치자로서의 교황의 위엄을 나타낸다. 삼중관은 교황의 사제, 목자, 교사로서의 세 가지 면을 의미한다고도 하고, 교회가 전사, 개전자(*잘못된 행실이나 태도를 뉘우치고 마음을 바르게 고쳐먹은 사람), 수난자의 세 가지 면을 갖추었기 때문이라고도 한다.

다만 삼중으로 된 교황관은 현대에 와서는 사라지는 추세다. 현대 교회 개혁의 선구자인 교황 요한 23세는 제2 바티칸 공의회 (1962~1965년) 이후 티아라를 쓰지 않았으며, 바오로 6세 다음 교황인 요한 바오로 1세는 교황관을 쓰는 대관식을 없앴다.

베스트팔렌 조약

신성 로마 제국의 사망 진단서는 로마 교황의 무력화를 의미했다

독일의 30년 전쟁은 프랑스의 프로테스탄트가 참전하며 국면을 전환한다. 프랑스는 가톨릭 국가이면서도 프로테스탄트인 스웨덴을 지원했고, 나중에는 아예 프로테스탄트 쪽이 되어 참전했다. 프랑스의 목표는 신성 로마 제국과 스페인의 합스부르크가의 힘을 약화시키는 것이었기에 종교 문제는 뒷전이었다.

독일에서 시작된 30년 전쟁은 프랑스가 참전한 후 교착 상태에 빠지며, 전쟁을 싫어하는 분위기로 흐른다. 그러다 1644년부터 강화 회의를 열고, 1648년 베스트팔렌 조약을 맺으며 비로소 전쟁은 끝이 난다.

베스트팔렌 조약은 오늘날 다국간 조약의 원점이라고 불린

다. 베스트팔렌 조약에서는 '영주가 믿는 종교를 그 지역에서 믿게 한다'라는 아우크스부르크 화의의 원칙이 재확인되었다. 하지만 실제로는 칼뱅파를 공인하고, 영주와 다른 신앙을 가지더라도 묵인했다.

베스트팔렌 조약은 가톨릭의 일방적인 양보나 다름없었기에 교황 인노첸시오 10세는 베스트팔렌 조약의 무효를 주장했다. 그러나 교황의 항의는 무시당했다. 유럽 각국은 교황 없이 곤란한 조약을 마무리했기 때문에, 이제 와서 교황의 말에 신경 쓸 필요가 없었던 것이다. 교황의 지위가 바닥에 떨어진 '로마 약탈'로부터 약 120년간, 로마 교황의 영향력은 상당히 낮아지고 말았다.

베스트팔렌 조약은 교황을 무시했을 뿐 아니라, 한때 교황과 함께였던 신성 로마 제국의 사실상의 종말을 의미했다. 이 조약을 통해 독일 제후 약 310여 명이 국가 주권을 인정받게 되었다. 그전까지 독일 제후들은 신성 로마 황제에게 형식적으로 순종했지만, 이제 황제에게서 완전히 자유로워졌다. 신성 로마 제국의 이름도, 신성 로마 황제의 이름도 유명무실해졌다. 그래서 베스트팔렌 조약은 '신성 로마 제국의 사망 진단서'라고 야유당하기도 했다.

그 후, 이제까지 신성 로마 황제의 자리를 세습하던 합스부르크가의 군주들은 오스트리아 황제를 자처하게 된다.

기독교로 읽는 세계사 - 바티칸은 어떻게 역사에 군림했는가

국가의 시대에
저항한 교황은 신뢰를 잃고,
스스로를 죄인으로 여겼다

갈리아 주의

국왕이 가장 존엄한 존재라고 주장한 프랑스 국왕 루이 14세

로마 교황의 권위가 현저히 하락한 16세기 이후, 교황은 유럽을 통합하는 역할을 하지 못하게 되었다. 알프스 북부의 프로테스탄트 국가들은 그를 적으로 여겼고, 가톨릭 국가를 이끄는 구심력도 하락했다.

그러자 국왕들은 교황을 대신해 유럽을 다스리는 패권을 손에 넣고 싶어 했다. 15세기 후반 무렵부터 유럽에서는 왕권이 한층 강화되어 절대 군주가 탄생했다. 강력한 왕권을 거머쥔 군주

들은 '유럽의 왕'이 되었다. 그 전형적인 예가 프랑스 국왕 루이 14세이다.

루이 14세는 5세에 즉위했으며, 재상이던 쥘 마자랭이 사망한 1661년부터 친정을 시작했다. 그가 23세 때의 일이다. 당시 프랑스는 새로 재상이 된 리슐리외 덕분에 유럽 제일의 강대국이 되었고, 루이 14세는 프랑스의 국력을 동원하여 유럽의 왕이 되고자 했다. 정복 전쟁을 좋아한 루이 14세는 친정을 시작하고 재위 54년 동안 32년을 전쟁으로 허비했다.

루이 14세의 정복 활동 대부분은 좌절로 끝났지만, 그는 나라를 다스리는 동안 위그노를 박해하고 로마 교황과 대립하기도 했다.

루이 14세는 가톨릭 신자였다. 그는 위대한 가톨릭 왕에게 모든 이가 꿇어엎드려야 한다고 생각했고, 이때 가톨릭이 아닌 위그노는 적이 되었다. 1685년 루이 14세는 낭트 칙령(206페이지 참조)을 폐지하고, 위그노에게 개종을 강요하기 시작했다. 이때 적지 않은 위그노가 프랑스에서 망명했다. 위그노 중에는 대단한 상공업자도 많았기 때문에, 그들의 망명은 프랑스 경제에도 타격을 가져왔다.

한편 같은 가톨릭이면서도 루이 14세가 로마 교황과 대립한 것은, 자신이 가장 존귀한 존재라고 생각했기 때문이다. 루이 14세는 왕권신수설을 신봉했다. 왕권신수설에 따르면 왕권은 교황이나 대주교가 아니라 신으로부터 부여받은 것이다. 그러므로 국민은 국왕을 숭배해야만 했다. 하지만 국왕을 신격화하는데 교황은 방해가 되는 존재였다.

루이 14세가 교황과 대립한 또 하나의 이유는 그가 '갈리아 주의Gallicanism'의 신봉자였기 때문이다. '갈리아'란 프랑스의 오랜 별칭이다. 갈리아 주의는 프랑스 국내의 교회를 로마 교회로부터 분리해서 프랑스 국왕의 통제하에 두는 프랑스 지상주의를 말한다.

갈리아 주의는 과거 교황 보니파시오 8세를 간섭하던 프랑스 국왕 필리프 4세 시대 때 처음 시작되었다(156페이지 참조). 루이 14세도 그 흐름을 이어받아 로마 교회의 권익을 줄이려 한 것이다. 이 갈리아 주의는 훗날 나폴레옹에게 이어진다.

명예혁명의 진상

가톨릭 왕을 추방한 종교 사건

프랑스 국왕 루이 14세가 유럽의 왕이던 시기, 잉글랜드에서는 1688년 명예혁명(*영국에서 평화롭게 전제 왕정을 입헌 군주제로 바꾸는 데 성공한 혁명)이 일어난다. 명예혁명의 결과, 제임스 2세는 왕좌에서 쫓겨나고 윌리엄 3세(빌럼 3세)와 그 비인 메리 1세가 공동 통치자로 즉위한다.

명예혁명은 국왕과 의회의 대립으로 이야기되는 경향이 있지만, 실은 청교도 혁명과 마찬가지로 종교 대립 사건이었다. 실제로 가톨릭으로 개종했던 제임스 2세는 같은 가톨릭인 프랑스 국왕 루이 14세와 통하는 면이 있었다. 그러나 잉글랜드는 반 가톨릭 국가였다.

잉글랜드 의회와 국민들은 가톨릭인 제임스 2세와 대립했다. 의회는 제임스 2세가 루이 14세의 지원을 받아 왕권을 강화할까봐 두려워했고, 제임스 2세를 배제하기 위해 움직인다.

의회가 희생양으로 선택한 것은, 네덜란드 총독인 오렌지 공 빌럼 3세(207페이지에 나온 빌럼 1세의 증손자)이다. 그는 제임스 2세의 여동생 메리와 결혼했고, 둘 다 프로테스탄트였다. 의회가 빌럼 3세에게 제임스 2세의 추방을 요청하자마자, 빌럼은 네덜란드에서 병사를 이끌고 잉글랜드에 상륙한다. 이를 본 제임스 2세는 일찍이 프랑스로 망명했고, 그 후 빌럼 3세는 윌리엄 3세로서 잉글랜드 국왕으로 즉위하게 되었다.

잉글랜드는 가톨릭 국왕을 배제하기 위해, 경쟁자였던 네덜란드 총독의 힘까지도 빌린 것이다. 명예혁명 후, 잉글랜드에서는 가톨릭은 왕위를 계승할 수 없다고 명문화했다. 지금까지도 영국 국왕 중에 가톨릭 신자는 없다.

청나라 제사 문제
가톨릭의 집안싸움으로 중국 선교에 실패하다

18세기 전반, 가톨릭 세력은 중국에서 실패를 경험했다.

예수회를 비롯한 선교사들은 일본뿐 아니라 중국 명나라까지 건너가 선교 활동을 시작했다. 중국의 가톨릭 신자 수는 점점 늘어 17세기 중반에는 15만 명에 이르렀다.

중국에서 가톨릭 선교가 성공을 이어간 것은 예수회 선교사들이 가톨릭 의례를 '중국화'했기 때문이다. 이러한 전도 모델을 완성한 것은 예수회 선교사인 마테오 리치였다.

마테오 리치는 16세기 말 중국에 건너가 중국어를 익혔으며, 가톨릭 교리를 한문으로 번역한 《천주실의(*天主実義, 마테오 리치가 중국 학자와 서양 학자가 대화 문답하는 형식으로 쓴 가톨릭 교리서)》를 저술했다. 그는 명나라의 만력제에게 접근하는 데 성공하고, 선교 활동을 하는 동안 중국에서 중시하는 유학에 주목했다.

유학에 통달한 명나라 궁정 관료들은 중국 내에 큰 영향력을 가지고 있었다. 유교는 도덕적인 측면이 강해서, 불교에 비해 가톨릭 교리와 부딪치는 면이 덜했다. 그래서 마테오 리치는 유교를 통해 선교하기로 마음먹는다.

마테오 리치는 유학자 복장을 하고, 유교의 전통 의례(제사)를 가톨릭 선교에 활용했다. 다시 말해 유교의 옷을 입은 가톨릭을 전파한 것이다. 그 후로 중국에 진출한 예수회 수도사들은 마테오 리치의 수법을 답습한다. 그들도 중국어를 배우고 유학자의 옷을 입고 전도에 나섰다.

예수회 선교사들은 '신'에 대해서도 현지화를 시도했다. 유교에서 숭상하는 '천제', '옥황상제'가 실은 기독교의 '신'과 동일하다고 한 것이다.

예수회 선교사들이 일본에서 선교를 시작했을 때, 그들은 불교나 민속 신앙을 가톨릭의 적으로 여겼다. 반면 중국에서는 유교를 적으로 간주하지 않고 포용하면서 가톨릭을 정착시키고자 한 것이다.

하지만 예수회 선교사들은 가톨릭 교파 간의 집안싸움으로 인해 좌절한다. 예수회의 선교가 성공한 뒤, 도미니코 수도회와 프란치스코 수도회 선교사들도 중국에 도착했다. 그들은 예수회가 중국화한 가톨릭 선교가 가톨릭 교리에 반하는 것이 아니냐며 로마 교황에게 호소한 것이다. 이를 '제사 문제'라고도 한다.

제사 문제를 놓고 고심한 끝에, 1704년 교황 클레멘스 11세는 예수회의 현지화 선교가 교리에 반한다며 예수회의 선교를 금지했다. 여러 민족의 문화, 생활, 관습에 맞춘 의례를 교황은 모두 금지한 것이다.

이에 청나라의 강희제는 크게 분노한다. 청나라 황제가 가톨릭 전도를 인정한 것은 예수회의 방식이 황제나 공자의 숭배를 부정하지 않았기 때문이었다. 하지만 교황 클레멘스 11세의 결정을 따른다면 황제도 공자도 숭배해서는 안 된다. 강희제는 도미니코 수도회나 프란치스코 수도회 등 예수회가 아닌 교파의 중국 선교를 금지했다. 그 후 중국에서는 기독교를 향한 반감이 커지게 되었고, 다음 대 황제인 옹정제는 기독교 금지령을 내렸다.

다만 청나라 황제들은 일본의 도요토미 정권이나 도쿠가와 정권만큼 기독교를 적대시하지는 않았다. 중국의 기독교 금지는 느슨한 편이었고, 중국 내 기독교인들도 그 수는 적지만 여전히 신앙을 이어나갔다. 그들을 통해 조선에 기독교가 전해지기도 했다.

또한 중국의 유교는 예수회를 통해서 유럽에도 전해졌다. 이는 유럽의 지식인들에게 신선한 충격을 가져다 주었다. 유교에서는 내세가 없기에 천국도 지옥도 없다. 이 부분이 매우 현실적이고 합리적으로 보인 것이다. 유럽의 지식층은 종교적이지 않은 유교를 접하며, 자신들의 계몽사상을 더욱 발전시켰다. 이 또한 가톨릭에서 벗어난 일례라고 할 수 있겠다.

예수회의 절멸
어째서 가톨릭 전도의 일등공신이 해산하게 되었는가?

18세기에 가톨릭은 고난의 시대를 맞이한다. 17세기부터 이미 과학 혁명이 진전되었고 18세기가 되자 영국에서는 산업혁명이 시작된다. 물리학, 수학, 과학 등이 발달할수록 사람들은 근대적 합리주의를 지향하게 되었다. 프랑스에서는 이성을 중시하는 계몽사상이 발달하여 과학적 지식과 이성을 중시하게 되었고, 로마 가톨릭은 버림받을 위기에 처했다.

이 시기의 교황은 성직자 임명권을 잃었다. 교황 베네딕토 14세는 스페인 교회직 임명권을 스페인 국왕에게 넘겼으며, 신흥 프로이센의 프리드리히 2세에게도 교황 임명권을 넘겨주어야 했다.

심지어 교황 클레멘스 14세는 원치 않게 예수회를 해산시키게 된다. 예수회 수도사를 고난에서 해방한다는 명분 때문이었다.

예수회 수도사들은 이제까지 로마 교황의 충실한 '전사'로서 가톨릭 전도에 앞장서 왔다. 로마 교황이 가장 의지하던 존재라고 해도 과언이 아니었다. 그런데도 교황이 예수회를 해산시킨 것은 가톨릭 국가의 강요 때문이었다.

예수회는 유럽의 가톨릭 국가에서도 활동했지만, 그들은 너무나 교황에게 충성스러운 데다 유능하기까지 했다. 프랑스와 스페인, 포르투갈의 국왕은 자신에게 충실하지 않은 예수회를 싫어해서 그들의 재산을 빼앗고자 했다. 그래서 국왕들은 교황에게 예수회 해산을 강요했던 것이다.

클레멘스 14세를 선출한 콘클라베Conclave(교황 선거 비밀회의)

에서는 예수회를 해산시킬 교황을 선택하라며 프랑스와 스페인이 압력을 가하기도 했다.

클레멘스 14세는 이런 압력에 굴복해 예수회를 해산시킬 수밖에 없었다. 예수회는 훗날 다시 살아나지만, 교황은 국왕 앞에서 약해져만 갔다.

콘클라베에서 새 교황은 어떻게 결정되는가?

로마 교황이 사망하면 새로운 교황을 선출해야 한다. 이를 위해 열리는 것이 콘클라베, 교황 선거 비밀회의이다.

콘클라베에서는 추기경회에서 자격이 있는 모든 사람을 불러모은다. 그들은 자물쇠로 잠긴 밀실에 모여 그들 안에서 새로운 교황을 선출한다. 선출법에는 세 종류가 있는데, 첫째가 비밀선거, 둘째가 타협, 셋째가 아클라마티오다. 아클라마티오(Acclamatio)란 라틴어로 '갈채'를 의미한다. 그 자리의 추기경 전원이 일체의 사전 협의 없이 자연 발생적으로 선출되는 한 명의 교황을 옹립하는 방법인데, 실제로 이렇게 되기는 거의 힘들다. 대다수는 비밀선거에 의해 선택된다.

비밀선거에서는 3분의 2 이상의 득표를 얻으면 새 교황으로 선출된다. 투표는 하루에 두 번, 오전과 오후에 실시하는데, 3분의 2 이상의 지지를 받는 사람은 그리 쉽게 나타나지 않는다. 그 때문에 날이면 날마다 투표가 반복된다. 사흘에 하루는 쉬어가게 되어 있긴 하지만, 추기경들은 몸도 마음도 지칠 대로 지친다. 비밀선거가 '지구력 싸움'이라며 야유받는 이유다.

투표가 끝난 용지는 밀실에서 불태운다. 3분의 2 이상의 표를 얻지 못했을 때는 젖은 짚으로 불을 피워 검은 연기를 밖으로 내보낸다. 검은 연기를 보고 밖에 있는 사람들은 아직 새 교황이 선출되지 않았다는 사실을 알 수 있다. 새 교황이 정해지면 이번엔 마른 짚으로 투표용지를 태워서 하얀 연기를 밖으로 내보낸다. 하얀 연기를 보고 세계는 갈채를 보내는 것이다.

콘클라베에서는 만장일치의 투표는 무효 처리한다. 자신에게 투표한 사람이 있다는 뜻이기 때문이다. 가톨릭에서는 자기 자신에게 투표하는 일을 품위 없는 행위로 간주하여, 이를 금지하고 있다.

교황 선출을 위해 콘클라베 방식을 택하는 것은 기독교의 역사의 특징이기도 하다. 1세기 기독교 교회가 탄생한 지 얼마 되지 않았을 때부터 각 주교는 선거를 통해 선출되었다. 로마 교회도 그랬다.

다만 선거라고 해도, 고대부터 중세까지는 세속 권력이 개입되기도 했다. 왕이나 귀족 등 권력자가 선거의 실권을 쥐고, 제 뜻대로 조종할 수 있는 교황을 선출시키는 일도 있었다.

이런 사태를 방지하기 위해 추기경회가 설립되었다. 추기경회가 어느 정도 자리를 잡자, 성직자에 한해 교황 선거권을 부여할 수 있게 되었다. 현재의 콘클라베 방식이 된 것은 13세기의 교황 그레고리오 10세 시대 때부터이다.

지금은 바티칸 궁전 내의 시스티나 성당에서 콘클라베가 열린다. 하지만 중세 전까지는 라테라노 궁전이나 라테라노 대성당에서 콘클라베가 진행되었으며, 19세기에는 퀴리날레 궁전도 사용되었다. 그 외에도 시에나, 피사, 페라라, 페루자 등 이탈리아의 도시나 클뤼니, 리옹, 아비뇽 등 프랑스 곳곳에서도 콘클라베가 열렸다.

프랑스 혁명
이성이 절대시되며 반가톨릭 운동이 과열되다

1789년에 프랑스 혁명이 발발한다. 이는 로마 교황을 향한 반역과 도전이기도 했다. 프랑스 혁명에서는 라파예트가 기초한 '인권 선언'을 공표하며 인간의 자유와 평등을 부르짖었다. 한편 프랑스 혁명으로 인해 앙시앵 레짐Ancien régime(구 제도)이 무너지며 가톨릭은 특권을 빼앗기게 된다.

프랑스의 앙시앵 레짐은 제1신분 성직자, 제2신분 귀족, 제3신분 평민으로 이루어진 구조였다. 제1신분인 성직자와 제2신분인 귀족에게는 특권이 부여되었으며 절대 군주제와 연결되어 있었다. 하지만 앙시앵 레짐이 파괴되며 성직자의 특권도 빼앗기고 교회의 십일조도 폐지된다.

프랑스 혁명이 왕의 타도를 외칠수록 반가톨릭 운동도 격해졌다. 시민들은 가톨릭 대주교와 주교를 혁명의 적으로 간주하며, 그들의 배후에 있던 로마 교황도 적대시하게 되었다.

국왕 루이 16세가 처형당하고 로베스피에르가 공포 정치를 펼치게 되자, 가톨릭은 더욱 배척당했다. 로베스피에르 무리가 이성의 신봉자였기 때문이다. 그들이 이성을 절대시할수록 이성에 반하는 것처럼 보이는 기독교는 배척의 대상이 되었다. 그들은 파리 노트르담 대성당의 제단에서 기독교 제단을 철거하고, '이성의 제단'으로 갈아치웠다.

프랑스 혁명은 어마어마한 파괴를 수반했다. 귀족들의 성과 대저택, 각지의 성당과 교회 건축물이 습격당하고 파괴되었다. 기독교의 혁신 운동에 앞장섰던 클뤼니 수도원(99페이지 참조)마저 파괴와 약탈에 휩쓸렸다.

마찬가지로 교황도 프랑스 혁명을 적대시했다. 프랑스 혁명 당시 교회가 폭도들에 의해 파괴되긴 했지만, 혁명 정부가 나서서 성직자를 박해하지는 않았다. 그 대신 성직자들에게 혁명 정부에 충성할 것을 요구했는데, 이것이 교황 비오 6세를 분개하게 만들었다. 비오 6세는 프랑스의 인권 선언을 단죄하기도 했다. 그 시점에서는 아직 비오 6세의 신변은 무사했지만, 나폴레옹이 대두하자 그는 순식간에 궁지에 몰리게 된다.

나폴레옹의 폭풍
'혁명의 아들'의 등장으로 교황 존립의 최대 위기가 닥치다

로마 교황은 기나긴 역사 속에서 몇 번이나 위기를 맞이했다. 근대에서 가장 큰 위기를 꼽는다면, 프랑스 혁명으로 이어지는 나폴레옹의 시대였을 것이다.

나폴레옹은 프랑스 혁명 시대에 로베스피에르가 실각한 뒤, 총재 정부(*1795년 테르미도르의 반동부터 1799년 나폴레옹의 쿠데타까지 존재한 프랑스 정부. 다섯 명의 총재로 구성되었다)에 의해 발탁되었다. 그는 총재 정부의 명령을 받아 이탈리아 진군의 사령관이 된다. 1796년 '혁명의 아들' 나폴레옹의 원정군은 이탈리아로 진격한다. 1798년에는 나폴레옹의 군대가 로마 교황령에도 침공

하여 로마를 점거하였으며, 교황령은 로마 공화국이 되었다.

교황 비오 6세는 피렌체로 도망치지만, 결국 프랑스군에 붙잡힌다. 비오 6세는 이곳저곳을 전전한 끝에 프랑스의 발랑스에서 사망한다. 이때의 사망 기록에는 '성명 조반니 브라스키, 직업 교황'이라고 기재되었다. 비오 6세는 프랑스 혁명 정신에 의해 모욕당한 것이다.

교황 비오 6세가 사망한 이후, 1800년 베네치아에서 콘클라베가 열리고 비오 7세가 새 교황으로 선출된다. 이때 이미 나폴레옹은 브뤼메르(*프랑스 공화력으로 안개의 달, 제2월을 나타내는 말로 브뤼메르 18일에 나폴레옹이 군사 쿠데타를 일으켰다)의 쿠데타를 일으켜 총재 정부를 쓰러뜨리고, 독재 권력을 거머쥐었다. 교황 비오 7세는 독재자가 된 나폴레옹을 상대해야 했다.

비오 7세는 프랑스 정부와 정교 조약concordat(콩코르다)을 맺는다. 나폴레옹의 정통성을 인정하는 대신, 프랑스에서 제한적으로 교황권을 인정하게 한 것이었다. 나폴레옹은 혁명의 아들이지만 가톨릭 신자이기도 했다. 그 역시 조금은 로마 교황을 향한 존경심을 가지고 있었다. 당시 나폴레옹은 유럽 여러 나라들과도 화약을 맺으며 일시적이나마 공존을 지향한다. 그래서 비오 7세와도 정교 조약을 맺게 되지만, 그는 이 조약을 금방 파기한다.

　나폴레옹과 영국의 관계가 험악해지자 나폴레옹의 대정복이 재개되었다. 이로써 나폴레옹은 프랑스 교회를 지배하에 두게 되었다. 일찍이 유럽의 왕을 목표했던 루이 14세도 갈리아 주의를 표방하며 프랑스 교회를 지배하에 두려고 했다. 마찬가지로 유럽을 제패한 나폴레옹이 프랑스 내 교황의 권리를 허용할 리가 없었다.

　나폴레옹이 교황을 어떻게 생각하는지는 그의 대관식을 통

나폴레옹의 대관식.
스스로 왕관을 쓰는 것은 동로마 제국을 본뜬 것이며 황제의 권위를 나타내는 행위이기도 했다.

해 명확히 드러났다. 1804년 나폴레옹이 파리에서 대관식을 거행했을 때, 교황 비오 7세도 초대를 받았다. 카롤루스 대제 이후 카롤링거 왕조의 황제들과 오토 1세 이후 신성 로마 제국 황제들은 다들 교황이 대관식을 집전하길 원했다.

하지만 나폴레옹은 옆에 있던 교황 비오 7세에게 아무것도 시키지 않고, 동로마 황제들처럼 스스로 왕관을 썼다(73페이지 참조). 패자(覇者) 나폴레옹의 태도는 교황의 힘 따위는 필요 없다고 선언한 것과 마찬가지였다.

1808년 나폴레옹의 군대는 또다시 로마를 점거하고, 교황령은 나폴레옹 제국의 영향권에 들어갔다. 교황 비오 7세는 나폴레옹을 파문에 처하지만, 오히려 나폴레옹에게 붙잡혀 감금되고 말았다.

감금당한 비오 7세는 프랑스에서 교황권을 내려놓을 것을 강요당하고 이를 수락하지만, 마지막 역전극이 기다리고 있었다. 나폴레옹이 패배해 어쩔 수 없이 퇴위하게 된 것이다. 독재자의 몰락 덕분에 교황은 존립 위기에서 겨우 벗어날 수 있었다.

나폴레옹의 몰락 후, 비오 7세는 로마로 돌아와 교황령을 되찾는다. 그는 자신을 학대했던 나폴레옹에게 자비를 보였다. 세인트헬레나섬으로 유배를 간 나폴레옹을 너무 잔인하게 대하지

말아 달라며 영국에 자비를 호소하고, 나폴레옹의 친족까지도 보호했다.

기나긴 교황의 역사 속에서 교황이 압도적인 권력자에게 밀려나는 일은 종종 발생했다. 그래도 교황이 존속할 수 있었던 것은 시대의 변화를 기다릴 줄 알았기 때문이다. 원대한 야심을 품은 독재자일수록 시간이 얼마 남지 않았다고 초조해하며 잘못된 길로 들어서기 쉽다. 하지만 영혼의 구제자인 교황은 조급해하지 않고 그저 박해를 견디며 기다릴 줄 알았다. 교황이 지금까지 존속될 수 있었던 것은 '기다림'의 태도 덕분이기도 하다.

참고로 1806년 나폴레옹은 서남 독일의 여러 영방을 규합하고 라인 동맹을 맺었다. 이로써 유명무실해진 신성 로마 제국은 완전히 소멸했다.

이탈리아 통일 운동
이탈리아 국민을 실망시킨 교황 비오 9세의 배신

마침내 로마 교황은 나폴레옹의 폭풍에서 해방되지만, 그 후로도 오랫동안 위기를 겪었다. 시대의 변화를 인정하지 않는 로

기독교로 읽는 세계사 - 바티칸은 어떻게 역사에 군림했는가

마 교황은 시대에 뒤처질 수밖에 없었다.

유럽에서는 프랑스 혁명과 나폴레옹 전쟁을 경험하며 자유와 평등의 이념이 정착되어 갔다. 나폴레옹이 지배했던 나라에서도 자유를 추구하며 국민운동이 성행하게 되었다.

특히 분열을 경험했던 이탈리아와 독일에서는 통일 운동이 시작되었다. 이미 유럽은 프랑스 혁명 이전으로는 돌아갈 수 없게 된 것이다.

19세기를 살았던 로마 교황들은 그런 시대의 흐름과 변화를 인정할 수 없었다. 아니, 인정하고 싶지 않았던 듯하다. 그들은 '사회의 변화'를 '사회의 붕괴'로 받아들이고, 신앙의 결여야말로 사회 붕괴를 초래한다며 두려워했다. 교황 그레고리오 16세는 민주주의를 비난하고 과학에도 부정적이었으며 교황령 내 철도 부설을 금지했다.

아직도 중세를 살아가는 듯한 로마 교황이었지만, 좋든 싫든 '이탈리아 통일 운동Risorgimento(리소르지멘토)'에 휘말릴 수밖에 없었다. 당시 이탈리아는 분열 상태였던 데다, 북이탈리아 일부는 오스트리아의 지배 아래 있었다. 리소르지멘토의 목적은 오스트리아를 비롯한 외국 세력을 이탈리아반도에서 내쫓고, 이탈리아를 통일하는 것이었다. 리소르지멘토가 고조되는 가운데,

이탈리아에서는 교황을 수장으로 하는 이탈리아 연방 결성을 주장하는 목소리가 높아져갔다.

이탈리아가 통일을 향한 열망에 휩싸였던 1846년, 새 교황 비오 9세가 선출된다. 교회 개혁에 열심이던 비오 9세는 통일 이탈리아의 수장에 걸맞은 인물이라 할 수 있었다. 같은 시기 막부 말기의 일본에서는 천황이 혼란스럽던 일본을 수습해 새로운 중앙 주권을 구축하는 중추가 되었는데, 이탈리아에서 그 역할을 해낸 것이 바로 교황이었다.

하지만 교황은 일본의 천황처럼 될 수는 없었다. 1848년 이탈리아에서 오스트리아를 상대로 제1차 독립 전쟁을 시작했을 때, 비오 9세는 교황군의 참전을 중지시켰다.

교황 국가의 세속 군주였던 비오 9세가 이탈리아 통일 운동의 앞날에 무엇이 기다리는지 깨달았기 때문이다. 이탈리아가 통일 국가가 되면 교황령은 소멸한다. 교황은 세속 군주의 자리에서 전락하는 것이다. 이를 두려워한 비오 9세는 리소르지멘토를 부정하는 방향으로 나아갔다.

비오 9세의 변심은 이탈리아 사람들을 실망시켰다. 이제까지 비오 9세를 통일 이탈리아의 핵심 인물이라고 생각했는데 배신당한 것이다. 이탈리아 국민들은 리소르지멘토의 장애물이 된 비오 9세에게 정나미가 떨어지고 만다.

1849년 마치니(*이탈리아의 혁명가이자 통일 운동 지도자)가 이끄는 청년 이탈리아당은 로마에서 들고일어나 로마 공화국을 수립한다. 공화국은 교황 비오 9세를 폐위하고 일단 구속한다. 그러자 비오 9세는 프랑스에 지원군을 요청하고, 로마 공화국을 무너뜨렸다. 비오 9세가 프랑스군에게 의존한 것은 이탈리아 국민을 적으로 돌린 것과 같은 행위였다.

바티칸의 죄수

이탈리아 왕국을 인정하지 않던 교황 비오 9세가 고립되어 바티칸에 틀어박히다

이탈리아의 리소르지멘토는 한번 좌절을 겪지만, 1850년대가 되자 다시금 열기를 띠게 되었다. 그 중심에 선 것이 사르데냐 왕국의 국왕 비토리오 에마누엘레 2세다. 그는 재상 카보우르의 협력을 얻어 프랑스의 나폴레옹 3세(나폴레옹 1세의 조카)와 거래하여 오스트리아에 승리하고, 1861년 이탈리아 왕국을 건국한다.

이때 이탈리아는 완전한 통일을 이루지 못했고, 교황령과 베네치아는 포함되지 않은 상태였다. 왕국의 수도는 토리노였으며

비토리오 에마누엘레 2세가 국왕으로 즉위했다.

통일 이탈리아가 교황령을 점령하지 못했던 이유는 앞서 말했듯 교황 비오 9세가 교황령의 소멸로 이어지는 이탈리아 통일에 반대했기 때문이다. 비오 9세는 프랑스군을 로마에 주둔시켜 가리발디의 공격을 저지했다. 가리발디는 성직자 제도에 반감을 갖고 붉은 셔츠단(천인대)을 이끈 영웅적 군인이었다.

그동안 비오 9세는 《교서Syllabus Errorum》를 공표했다. 그는 근대의 약 80여 가지 과오를 지적하고, 공산주의, 사회주의, 자유주의 등을 이단이라며 비난했다.

거기다 제1 바티칸 공의회를 소집하고 그 자리에서 '교황 무류성(*교황이 기독교의 수장으로서 신앙이나 도덕에 관하여 내리는 결정은 성령으로 보증되기 때문에 결단코 오류가 있을 수 없다는 교리)'을 주장했다. 비오 9세는 자신을 절대적인 존재로 만들어 지지자를 모으려 했지만, 이는 허무하게 끝났다.

비오 9세는 끝까지 완고한 태도를 보였지만, 1870년 로마는 이탈리아군의 진격을 허락하고 교황령은 이탈리아에 편입되고 만다. 알프스 북부에서 프로이센·프랑스 전쟁(보불 전쟁)이 일어났기 때문이다.

독일 통일을 노리는 프로이센에게 있어 최후의 장애물은 나폴레옹 3세의 프랑스였다. 프로이센의 재상 비스마르크는 권모술수를 동원해 프랑스와 전쟁을 일으킨다. 프로이센과의 전쟁에서 수세에 몰린 프랑스는 로마에 군대를 둘 여유가 없었다.

프랑스가 패배한 뒤, 프랑스군이 철수한 교황령은 이탈리아 왕국이 점령했다. 그 때문에 교황의 영지는 바티칸 궁전과 그 주변, 다시 말해 지금의 바티칸 시국 정도로 축소되고 만다. 이때부터 이탈리아 왕국의 수도는 로마가 되었다.

하지만 교황 비오 9세의 저항은 계속되었다. 비오 9세는 끝끝내 이탈리아 왕국의 존재를 인정하지 않았다. 그는 바티칸 궁전에 틀어박혀서 스스로를 '바티칸의 죄수'로 칭하며 자조했다.

그 후로도 이탈리아 정부와 로마 교황의 대립은 계속되지만, 비오 9세뿐 아니라 19세기의 로마 교황들은 다들 중세에서 벗어나지 못한다. 유럽 각국이 근대화를 목표하고 혁신을 거듭하는 가운데, 교황만이 안락했던 중세 시대에 여전히 머물러 있던 것이다.

프랑스의 정교분리

프랑스 혁명으로부터 약 1세기 뒤, 정교분리가 확립되다

로마 교황령 소멸의 결정적 계기였던 프로이센·프랑스 전쟁에서 프랑스가 패배한 뒤, 1889년이 되어 프랑스는 혁명으로부터 1세기를 맞이한다. 이를 기념하기 위해 파리에서는 만국박람회가 열리고, 이에 대항하듯이 가톨릭과 왕당파의 지원을 받아 파리에 사크레쾨르 성당이 세워지게 된다.

혁명 이후, 프랑스에서는 공화파와 가톨릭교회가 최후의 대결을 시작했다. 프랑스 정부에서 정교분리 정책을 시행하자, 가톨릭교회가 반발했기 때문이다.

그전까지 프랑스에서는 성직자 신분증이 있으면 초등학교에서 아이들을 가르칠 수 있었고, 교실에는 그리스도상도 있었다. 그러나 프랑스 정부는 교육 면허가 없는 성직자가 교단에 서는 것을 금지하고, 초등학교에서 그리스도상도 철거했다.

가톨릭교회는 거세게 저항하지만, 19세기 말에 드레퓌스 사건이 일어나며 매우 불리한 상황에 놓인다. 드레퓌스 사건은 프랑스군 장교인 드레퓌스가 간첩 혐의로 체포된 사건이다.

프랑스의 여론은 드레퓌스 옹호파와 규탄파로 크게 갈린다.

드레퓌스가 유대인이었기 때문에 드레퓌스 규탄파에는 왕당파와 우파 그리고 가톨릭교회가 가세했다. 드레퓌스가 누명을 썼다는 사실이 밝혀지자, 반유대주의적 모습을 보인 가톨릭교회는 신망을 잃었다. 프랑스에서 가톨릭은 '근대 사회의 적' 취급을 당하게 된 것이다.

이런 상황에서 1905년 프랑스에서는 정교분리법이 제정된다. 성직자의 정치 활동을 금지하고, 신앙을 개인에 대한 마음의 영역으로 한정한 것이다. 이로써 프랑스는 '라이시테laïcité(정교분리 또는 비종교성)'를 이념으로 내세우는 나라가 되었다.

로마 교황 비오 10세는 정교분리법을 비난했고 프랑스의 가톨릭교회도 이에 반발하지만, 이미 시대는 정교분리를 지향하고 있었다. 그 후, 포르투갈도 프랑스를 뒤따르게 되며, 적지 않은 나라가 정교분리를 향해 나아가게 되었다.

바티칸 시국

무솔리니의 체제 유지를 위한 이해타산이 바티칸 시국을 탄생시키다

20세기는 '세계대전과 혁명의 세기'로도 '독재자들의 세기'로도

불린다. 강대국들이 격돌하던 시대에 로마 교황은 외교를 통해 세계의 흐름을 바꾸려고 했다. 하지만 신앙심이 사라지고 로마 교황의 언행이 영향력을 지니지 못하는 시대가 계속되었다.

1914년 제1차 세계대전이 일어난 뒤, 교황 베네딕토 15세는 중립을 지키면서 화평을 제안한다. 하지만 교황의 중재는 무시당했다. 전쟁은 계속되고, 유럽은 스스로 파멸의 길을 걷는다. 과거에 교황과 대립하던 황제와 국왕들도 사라져갔다. 전쟁을 끝내기 위해 베르사유에서 파리 강화 회의가 열렸을 때도 베네딕토 15세는 배제당한 상태였다.

제1차 세계대전이 한창이던 1917년에는 러시아에서 세계 최초로 공산혁명이 성공하여 공산 국가인 소련이 탄생했다. 공산주의는 신을 부정한다. 다시 말해 신을 부정하는 국가가 탄생한 것이다. 19세기 이후 줄곧 마르크스주의와 공산주의를 부정해왔던 로마 교황은 끝끝내 공산주의와 대결하는 시대에 돌입하게 되었다.

그 날은 금방 다가왔다. 1919년 소련과 폴란드의 전쟁이 시작되었을 때, 교황청은 폴란드의 편을 들었다. 가톨릭 국가인 폴란드가 공산주의 국가에 무너지는 것을 두려워했기 때문이다.

교황이 공산주의를 경계하자 이탈리아의 국내 정치에도 영향이 미쳤다. 제1차 세계대전 후, 이탈리아에서는 노동 운동이 과격해지며 '이탈리아 사회당'과 '이탈리아 인민당'이라는 두 정당이 부상한다.

이탈리아 인민당은 교황 베네딕토 15세의 지지를 얻어 가톨릭의 성직자들이 조직한 정당이었다. 사회주의를 표방하며 약진한 이탈리아 사회당에 대항하기 위해 만들어졌다.

하지만 두 정당은 모두 실패했다. 1920년대에 무솔리니가 인솔하던 파시스트당이 전권을 장악했기 때문이다. 무솔리니는 원래 이탈리아 사회당에서 발행하던 신문의 편집장이었는데, 사회당을 뛰쳐나와 공산혁명을 저지하고 타도하는 쪽으로 돌아선다. 무솔리니의 정책은 지주와 군인에게 큰 지지를 얻으며 그의 지배 체제를 공고히 했다.

무솔리니는 교황 비오 11세에게 접근하여, 1929년 라테라노 조약(정교 조약)을 맺는다. 이제까지 교황은 이탈리아 왕국을 승인하지 않았지만, 이 조약에서 드디어 이탈리아 왕국을 승인하게 된다. 이탈리아 정부도 교황령인 바티칸 시국을 승인하고 가톨릭을 이탈리아의 국교로 삼았다. 이렇게 해서 교황과 이탈리아 정부가 대립하던 시대는 끝났다.

교황 비오 11세가 정교 조약을 맺은 이유는 무솔리니가 공산주의를 적대시했기 때문이다. 비오 11세와 무솔리니는 반공주의라는 공통점으로 이어져 있었고, 무솔리니에게는 가톨릭을 자기편으로 만들어 독재 체제를 굳히고자 하는 의도도 있었다.

그 후 무솔리니는 전체주의자의 얼굴을 드러내지만, 이미 교황 비오 11세는 전체주의를 인정한 모양새가 되고 말았다.

히틀러에게 접근하다

교황과 나치의 연결고리는 반공주의였다!

로마 교황 비오 11세는 무솔리니와 정교 조약을 맺은 후, 독일의 나치 정권에 접근한다. 세계 공황으로 인해 매우 혼란스러웠던 독일 사회에서는 히틀러가 이끄는 나치스(국민 사회주의 독일 노동당)와 공산당이 크게 부상한다. 공산당과의 경쟁에서 승리한 히틀러는 1933년 수상으로 임명된다. 이후 히틀러는 일당 독재 체제를 굳혀가지만, 교황 비오 11세는 나치 정권을 승인한다.

이후 교황 비오 11세와 나치 정권은 정교 조약을 맺는다. 나치 정권이 국내 가톨릭을 보호하는 대신, 국내 가톨릭은 나치에 충성을 맹세한다는 내용이었다.

교황 비오 11세가 히틀러에게 접근한 이유도 반공주의에 있다. 비오 11세는 독일의 공산화를 막아낸 히틀러의 역량을 인정하고, 결과적으로 히틀러의 독재를 인정하게 되었다.

　교황 비오 11세가 반공주의에 얼마나 열심이었는지는 만주국(*1932~1945, 만주 사변을 일으킨 일본이 중국 북동부에 세운 나라)을 승인한 것만 보아도 알 수 있다. 1932년 일본 관동군은 만주국을 건국하지만, 국제 연맹은 이를 승인하지 않았고 일본은 국제 연맹을 탈퇴한다. 그 후 코스타리카, 엘살바도르, 독일, 이탈리아 등이 만주국을 승인하는 동안, 교황 비오 11세는 만주국으로 외교 사절을 파견한다. 이 시점에서 만주국을 승인했다고 말해도 좋을 것이다.

　교황 비오 11세가 만주국을 승인한 것은 만주국을 소련을 상대하기 위한 방파제로 여겼기 때문일 것이다. 교황이 반공주의를 지향하던 시기에 같은 편이 될 만한 나라는 적었다. 미국과 영국은 프로테스탄트 국가이므로 교황과는 거리가 있었다. 그밖에 의지할 만한 강대국은 프랑스 정도인데, 프랑스에서는 사회주의가 큰 세력을 이루었던 데다 정권이 안정되지 않았다. 그러자 교황에게 동의해서 소련에 대항할 수 있는 강대국은 독일과 만주국의 배후에 있는 일본 정도밖에 없었던 것이다.

하지만 교황 비오 11세의 반공주의 외교는 파탄 나고 만다. 무솔리니와 히틀러가 폭력적 지배 성향을 드러내며 가톨릭을 적대시했기 때문이다.

무솔리니와 히틀러는 전체주의자였다. 그들은 공산주의와 대립했지만, 사실상 독재를 지향하고 국민을 강제로 통제하려고 했다는 점을 볼 때 전체주의와 공산주의는 같은 뿌리에 있었다. 무솔리니는 원래 사회주의자였고, 히틀러는 당명에 '사회주의'를 넣기도 했다(*나치의 정식 명칭은 '국가 사회주의 독일 노동당'이다).

그들은 사회주의에서 출발했지만, 독재적인 통치 방법은 소련의 독재자 스탈린과 비슷했다. 교황 비오 11세가 이 사실을 깨달았을 때는 이미 사태는 심각해져 제2차 세계대전이 시작되려 하고 있었다.

제2차 세계대전

유대인을 보호하면서도 나치에 대한 비판을 꺼린 교황 비오 12세

1939년 제2차 세계대전이 시작된다. 제2차 세계대전 당시의 로마 교황은 비오 12세였다. 비오 12세는 중립을 지켰지만, 한편

으로는 후세에 규탄받게 되는 줄타기 외교를 하고 있었다.

제2차 세계대전에서 교황 비오 12세는 중립을 지키면서도, 실제로는 히틀러가 이끄는 나치 독일의 승리를 기대했다. 역대 교황들의 일관된 반공주의 사상 때문이었지만, 히틀러에 치우친 자세는 후세의 의혹을 낳았다.

제2차 세계대전 당시 히틀러의 나치 독일은 유대인 대학살, 홀로코스트Holocaust를 자행했다. 전쟁이 끝나자 교황 비오 12세는 홀로코스트에 가담하거나, 알면서도 이를 눈감아 주었던 것이 아니냐는 지적을 받게 된 것이다.

애초부터 교황에게는 그런 의혹을 받아도 이상하지 않은 역사가 있었다. 기독교는 예수를 죽인 유대인들을 적대시하고 박해했다. 교황 스스로가 반유대주의자였던 적도 있다. 그런 역사를 돌이켜볼 때, 교황 비오 12세가 홀로코스트를 은밀히 지지했던 것은 아닐까 하는 의혹을 받게 된 것이다.

다만 교황 비오 12세를 위해 변명해 두자면, 그는 쭉 유대인을 보호해 왔다.

1943년 여름에 연합군이 시칠리아섬에 상륙하자 국왕은 무솔리니를 단념하고 해임한다. 이탈리아반도 남부에서 연합군이 침공을 개시하고 나치 독일이 이탈리아를 손에 넣기 위해 움직였을 때, 무방비 도시가 된 로마에 독일군이 침입한다. 독일군은 로마에서도 유대인 사냥을 시작하지만, 교황 비오 12세는 바티칸 시국 안에 있는 시설에 많은 유대인을 숨겼다.

다만 비오 12세는 로마에서 나치 독일이 저지른 만행을 히틀러 독일 정부에 직접 항의하지는 않았다. 홀로코스트 문제도 히틀러를 지목해서 공개적으로 비판하지 않았다. 아마 자신의 안전을 확보하기 위해서였겠지만, 후대에 와서는 비난을 피할 수 없었다.

제2차 세계대전이 종결된 후에도 교황 비오 12세의 고뇌는 여전했다. 비오 12세가 두려워하던 소련이 동유럽 국가들을 공산 국가로 만들었기 때문이다. 폴란드나 헝가리처럼 가톨릭 색채가 짙은 나라에서는 공산당의 독재 정권하에 가톨릭이 극심한 탄압을 당했다. 이런 참사를 앞두고, 비오 12세는 어떤 구원의 손길도 내밀지 못했다.

같은 시기, 이탈리아도 공산화의 위기를 맞았다. 전쟁 후, 이탈리아에서는 공산당이 눈에 띄게 신장하였으며 기독교 민주당은 정권을 유지하기 어려운 상황이었다. 1948년 총선거를 앞두고, 공산당은 한층 더 약진하며 정권 쟁취까지도 가능하리란 평을 듣고 있었다.

이탈리아의 공산화를 저지하기 위해 미국의 CIA까지 나섰지만, 교황청도 수면 아래서 움직이고 있었다. 교황 사절을 미국에 보내어 이탈리아계 미국인들에게 이탈리아에 남아 있는 친족들을 향한 편지를 쓰도록 간청했던 것이다.

기독교 민주당에 투표해 달라는 편지를 쓰는 책략은 상당한 효과를 거두었다. 높은 투표율을 보인 총선거에서 기독교 민주당이 승리하고, 이탈리아의 공산화를 막아낸 것이다.

전쟁 후, 바티칸은 의식의 변화를 보이며 미디어 전략에 착수했다. 일본에서는 성 바오로 수도회가 분카 방송(文化放送)의 설립에 관여했다. 성 바오로 수도회는 나중에 손을 떼지만, 바티칸은 대중 매체를 통해 가톨릭을 전도하고자 했던 것이다.

세계는 왜,
다시금 로마 교황을 필요로 하는가

교황 요한 23세

미국과 소련의 냉전 아래 시작된 교황의 새로운 시도

1958년에 즉위한 교황 요한 23세 때부터 로마 교황은 새로운 시대를 맞이한다. 로마 교황 주도하에 개혁이 시작된 것이다.

요한 23세 시대에 이미 미국과 소련은 냉전에 들어갔다. 일찍이 세계의 중심이었던 유럽은 세계의 중심에서 벗어나게 되었다. 유럽의 몰락은 교황의 존재를 지워나가는 것처럼 보였지만, 교황의 지위는 오히려 다시 상승하기 시작한다.

교황 요한 23세의 가장 큰 과업은 '제2 바티칸 공의회(214페이지 참조, 제1 바티칸 공의회는 240페이지 참조)'의 소집이었다. 제2 바티칸 공의회의 특징은 중남미를 비롯해 전 세계의 주교들이 참석했다는 점이다. 이제까지의 공의회는 대부분 유럽의 주교들로만 구성되어 있었지만, 제2 바티칸 공의회는 국제적인 양상을 보였다.

이는 교황청이 유럽에 국한되지 않고, 넓은 시각으로 세계를 바라보게 되었다는 증거였다. 또한 유럽의 힘에만 의존하지 않고 세계 곳곳에 흩어져 있는 가톨릭의 힘을 규합한다는 의미도 있었다.

이 회의에는 소련 대표도 참가했는데, 평화와 화해를 원하는 교황 요한 23세의 의도를 엿볼 수 있다. 19세기 이후, 교황은 줄곧 공산주의를 적대시했지만, 어느 정도는 타협하고 양보할 의사가 있었음을 뜻한다.

양보의 대상은 공산주의만이 아니었다. 제2 바티칸 공의회에서는 정교회와 화해를 시도하여, 교황과 정교회가 서로를 파문했던 시대(105페이지 참조)는 마침내 끝을 고했다. 유대인들과 이슬람교의 화해도 한발 가까워졌다.

교황 요한 23세는 바티칸 공의회에 대해 이렇게 이야기했다.

"세계의 오류를 규탄하는 것이 아니라, 자비로운 마음으로 세계의 문제에 대처하고자 하는 공의회를 열고자 한다."

19세기 교황 비오 9세는 근대화의 오류를 규탄했지만, 요한 23세의 의견은 달랐다. 요한 23세는 새로운 교황상을 모색하려고 했던 것이다.

이제까지의 교황은 오랜 중세의 유물 같은 존재였다. 근대화를 부정하고, 과격한 비난을 퍼붓던 반근대적 사람이었다. 그러므로 평화와 화해의 사도가 되기는 힘들었다.

하지만 요한 23세는 근대화를 어느 정도 수용하고, 화해와 평화를 지향했다. 이런 모습은 미국과 소련의 험악한 냉전 상황에서 세계에 새로운 희망을 선사했다.

순례자 교황

교황의 부정적 이미지를 새롭게 바꾼 바오로 6세의 세계 순례

요한 23세의 사망 후, 새 교황이 된 바오로 6세도 교회의 근대화를 추진했다. 그리하여 바오로 6세 때부터 교황의 세계 순례

가 시작되었다.

그전까지 교황들은 대개 교황궁 안에 틀어박혀 있었고, 외국으로 순례를 다닌 교황은 거의 없었다. 교황 바오로 6세는 세계 각지에 복음을 전하기 위해 종종 순례 여행을 떠났다. 과거 초대교황 바울이 여러 지역으로 전도 여행을 떠났던 이야기를 본받은 것이기도 했다.

항공기의 발달은 교황 바오로 6세에게 천운이었다. 그는 예루살렘, 인도, 콜롬비아, 미국, 오스트레일리아, 터키, 필리핀 등 세계 곳곳을 방문한다. 필리핀에서는 암살 미수의 위기에 처하기도 했지만, 교황은 각지에서 환영받았다. 바오로 6세는 기존 교황 중에서 가장 많이 여행한 교황이었고, '순례자 교황'이라는 별명도 얻었다. 그 후의 교황들도 그를 본받고자 했다.

교황 바오로 6세 때부터 세계 순례는 교황의 이미지를 크게 변화시켰다. 그전까지 교황이란 궁전의 깊숙한 곳에 틀어박혀 있는 정체 모를 거물이라는 인상이 강했다. 고집 세고 사리 분별에 어두우며, 여전히 중세에서 벗어나지 못한 채 살아가는 듯한 느낌마저 주었다.

하지만 순례를 떠난 교황이 세계 각지에 모습을 드러내게 되자, 그런 부정적 이미지는 말끔히 사라졌다. 교황은 평화를 기원하는 신성한 존재라는 인상을 심어준 것이다.

이는 제2차 세계대전 이후 일본에서 있었던 천황의 전국 순행과도 겹쳐볼 수 있다. 전쟁이 끝난 뒤, 쇼와 천황(*1926~1989년 재위. 제2차 세계대전에서 항복 선언을 하였으며, 천황의 신성을 부정하고 인간 선언을 한 천황이다)은 실의에 빠진 국민을 위로하고 격려하기 위해 전국 각지를 여행하였으며, 가는 곳마다 열렬한 환영을 받았다. 그전까지 쇼와 천황은 가까이 다가갈 수 없는 황공한 존재였다. 하지만 전국 순행으로 인해 천황에 대한 인상은 완전히 달라진다. 일본인들은 천황을 존경하고 사모하며 친애하는 마음으로 바라보게 되었다.

일부의 반대도 있었지만, 일본 각지를 순회한 천황은 결국 일본 통합의 상징이 되었다. 세계 각지를 순회한 교황 또한 가톨릭과 세계 평화의 위대한 상징이 되었다. 추악했던 교황의 과거사도 자연스럽게 잊게 되었다.

폴란드의 연대

교황의 모국 방문이 냉전 종식에 공헌하다

1978년 요한 바오로 2세가 새 교황으로 선출된다. 요한 바오로 2세는 첫 폴란드인 교황이었으며, 이는 큰 의미를 가진다.

요한 바오로 2세도 바오로 6세를 따라 세계를 순례하는 '순례자 교황'이었다. 그는 처음으로 일본을 찾은 교황이었으며, 원폭에 희생된 히로시마와 나가사키를 방문했다.

1979년 요한 바오로 2세는 모국 폴란드를 방문했다. 로마 교황의 첫 공산 국가 방문이었던 데다, 가톨릭 신자가 많은 폴란드에서는 교황을 열광적으로 맞이했다. 모국을 찾은 요한 바오로 2세는 간접적으로 소련과의 예속 관계를 비판하기도 했다.

이후 폴란드에서는 자주독립의 움직임이 시작된다. 1980년에는 정치가 레흐 바웬사를 의장으로 하는 폴란드 자주 관리 노조 연대가 탄생한다. '연대'는 가톨릭교회를 기반으로 한 자유 노동조합이었는데, 그들은 폴란드 정부에 개혁을 요구하기 시작한다. 하지만 운동이 과격해지면 소련군이 개입할 가능성이 있었다. 이를 두려워한 요한 바오로 2세는 바웬사를 만나 비폭력 활동을 호소하기도 했다.

1981년 폴란드 정부에 탄압당한 연대는 앞에 나서서 하는 활동을 중지한다. 바웬사는 결국 체포되는데, 그 배후에는 소련의 압력이 있었다.

그래도 요한 바오로 2세는 1983년에 다시 모국 폴란드를 방문하여 폴란드인을 격려했다. 폴란드 사람들에게 정신적인 지지를 보내는 것으로 시대를 바꾸고자 했던 것이다.

교황 요한 바오로 2세의 지지 덕분인지, 지하로 숨어든 연대는 1986년경 다시 세력을 회복한다. 그 전년에는 소련에서 고르바초프(*소련의 최연소 지도자로 냉전을 종식한 공로로 노벨 평화상을 수상하였다)가 서기장이 되어, 페레스트로이카Perestroika(개혁)를 지향한다. 1987년 요한 바오로 2세는 세 번째로 폴란드를 방문한다. 요한 바오로 2세의 방문은 폴란드 사람들을 크게 자극하여 연대를 중심으로 민주화운동이 고조되었다.

1989년이 되자 폴란드 정부는 연대와 협상하여 총선거를 치른다. 총선거에서 연대가 압승하자 공산당의 일당 지배 체제는 끝나게 되었다.

폴란드에서 공산당이 패배하자 동유럽에는 격진이 일어난다. 동유럽 각국에서 공산당 독재 정권이 무너지기 시작했으며, 마침내 소련 자체가 붕괴하고 말았다. 이로써 미국과 소련의 냉전은 끝난다.

　냉전을 종식시킨 것은 미국 레이건 대통령의 군사 확장 노선 때문이었다고 한다. 피폐해져만 가는 소련 경제는 미국의 군사 확장 전쟁에서 패배했고, 냉전은 종식되었다. 하지만 이와 별개로 교황 요한 바오로 2세의 폴란드 격려도 냉전 종식에 공헌했다. 그가 모국에서 쏘아 올린 화살이 역사를 크게 바꾸었던 것이다.

세계의 필요

많은 정보력과 신자 덕분에 존경받다

　2005년 냉전 종식에 공헌한 교황 요한 바오로 2세가 사망한 뒤 베네딕토 16세가 새 교황이 된다. 보수파였던 베네딕토 16세는 생전에 교황 자리에서 물러났고, 2013년부터는 현 교황 프란치스코의 시대가 되었다. 프란치스코는 첫 중남미 출신 교황이다.

　베네딕토 16세와 프란치스코 교황의 시대에는 눈에 띄는 업적은 없다. 그래도 여전히 교황의 지위는 매우 높았다. 세계가 교황을 필요로 했기 때문이다.

세계가 교황을 다시 보고 경의를 표하게 된 것은, 앞서 말한 교황 요한 바오로 2세의 영향력 때문이다. 요한 바오로 2세는 폴란드의 연대를 지지하며 폴란드인들에게 용기를 주었다. 그로 인해 소련의 세력권이 붕괴하기 시작했으므로, 교황의 영향력과 지도력을 무시할 수 없게 되었다. 교황은 강대국을 무너뜨릴 수 있는 존재가 되었고, 적으로 돌리고 싶지 않은 상대가 된 것이다.

더구나 강대국일수록 로마 교황청의 정보력에 주목하게 되었다. 가톨릭은 전 세계에 퍼져 있다. 세계 많은 나라에 가톨릭교회가 있고, 이 가톨릭교회를 통해 로마 교황에게 다양한 정보가 들어온다. 미국조차 입수하지 못하는 정보를 바티칸이 가지고 있는 경우도 있었다.

더구나 바티칸은 세계 각국 요인들과 연결되어 있기에, 이들을 통해 들어오는 정보도 무시할 수 없다.

로마 교황의 지지 기반은 탄탄하다. 세계 전체에서 가톨릭 인구는 2016년 기준으로 약 12억 4천만에 달하며, 이슬람교의 17억 5천만에 버금가는 큰 세력이다. 세계 인구의 약 16퍼센트를 차지하는 기독교 최대의 세력이기도 하다.

로마 교황의 지지 세력은 굳건할뿐더러 거대한 종교 집단 안에서도 가장 지도력을 갖추고 있다. 이슬람에서는 무슬림 전체를 통합하는 지도자가 없다. 개신교에서도 각국에 지도자가 분산되어 있으며, 프로테스탄트를 통합하는 지도자는 없다. 오직 가톨릭에서만 모든 것을 통합하는 로마 교황이 있기에, 로마 교황이 계속해서 강한 영향력을 행사할 수 있는 것이다.

평화를 추구하는 로마 교황의 자세는 종교를 뛰어넘어 사람들을 단결시켰다. 오랫동안 세계의 리더를 자임해온 미국 대통령의 경우에는 때때로 전쟁에 깊이 관여하며 오히려 세계에 혼란을 불러일으켰다. 최근 뜨고 있는 중국도 힘의 논리를 내세우며 주변 나라들과 문제를 일으켰다. 이렇듯 힘의 대결로 이루어진 세계에서, 결이 다른 존재인 교황은 세상을 안정시킬 중심인물로 촉망받게 되었다. 길고 숭고하며 추악했던 교황의 역사가, 교황에게 힘을 부여했던 것이다.

바티칸의 의문 ⑧

'법왕'에서 '교황'으로 칭호가 바뀐 이유

일본에서는 '로마 교황'을 '로마 법왕'이라고 부르기도 한다. 언론에

서는 주로 로마 법왕이라고 하고, 역사서에서는 대부분 로마 교황이
라는 명칭을 쓴다.

둘 다 틀린 표현은 아니지만, 교황과 법왕 두 가지 칭호가 함께 쓰
이는 것은 이상한 일이다. 하지만 2019년 프란치스코 교황이 일본을
방문한 이후로 교황으로 통일하는 추세가 되었다.

일본 가톨릭교회에서도 과거에는 교황과 법왕을 혼용해 왔지만,
1981년 요한 바오로 2세가 일본을 방문하면서 교황으로 통일하게 되
었다.

세상의 '왕(王)'을 연상시키는 '법왕(法王)'보다도 '가르치는 자(敎)'
라는 뜻의 '교황(敎皇)'이 교황 본연의 자세를 나타낸다고 생각되기
때문이다.

그러나 정부나 언론 매체에서는 여전히 법왕이라는 표현을 썼기
에, 두 단어가 계속 혼용되고 있었다. 그러다 2019년 프란치스코 교
황의 방문을 계기로 일본 정부도 일반적 호칭인 '교황'을 사용하게 된
것이다.

● 참고 문헌

《세계의 역사 12 : 르네상스》(아이다 유지 외, 가와데쇼보신샤, 1969)

《세계 역사 체계 영국사 1 : 선사 시대~중세》(아오야마 요시노부 편저, 야마 카와슛판샤, 1991)

《세계의 역사 28 : 제2차 세계대전부터 미국 · 소련의 대립을 향해》(유이 다이자부로 외, 주오고론신샤, 2010)

《신성 로마 제국》(이케야 후미오, 도스이쇼보, 2019)

《기독교와 전쟁》(이시카와 아키토, 주오고론신샤, 2016)

《세계의 역사 11 : 비잔틴과 슬라브》(이노우에 고이치, 주오고론신샤, 2009)

《세계의 역사 29 : 냉전과 경제 번영》(이노키 다케노리 외, 주오고론신샤, 2010)

《세계의 역사 13 : 절대 군주의 시대》(이마이 히로시, 가와데쇼보신샤, 1974)

《세계 역사 체계 영국사 2 : 근세》(이마이 히로시 편저, 야마카와슛판샤, 1990)

《세계의 역사 16 : 유럽의 영광》(이와마 도루, 가와데쇼보신샤, 1990)

《세계의 역사 19 : 인도와 오리엔트》(이와무라 시노부 외, 가와데쇼보신샤, 1990)

《로마의 역사》(인드로 몬타넬리, 주오고론신샤, 1976)

《르네상스의 역사 (상) (하)》(인드로 몬타넬리 외, 주오고론신샤, 1985)

《합스부르크가》(에무라 히로시, 고단샤, 1990)

《성서 대 세계사》(오카자키 가쓰오, 고단샤, 1996)

《아틸라 대왕과 훈족》(커털린 에셰(Katalin Escher) 외, 고단샤, 2011)

《세계의 역사 16 : 르네상스와 지중해》(가바야마 고이치, 주오고론신샤, 1996)

《서양의 지배와 아시아》(K. M. 파니카르(Kavalam Madhava Panikkar), 후지와라쇼텐, 2000)

《세계의 역사 23 : 제2차 세계대전》(우에하라 슌페이 외, 가와데쇼보신샤, 1990)

《세계 각국의 역사 11 : 영국사》(가와키타 미노루 편저, 야마카와슛판샤, 1998)

《세계의 역사 15 : 프랑스 혁명》(가와노 겐지 외, 가와데쇼보신샤, 1989)

《신성 로마 제국》(기쿠치 요시오, 고단샤, 2003)

《세계의 역사 12 : 명나라, 청나라와 조선 시대》(기시모토 미오 외, 주오고론신샤, 1998)

《세계 각국의 역사 15 : 이탈리아사》(기타하라 아쓰시 편저, 야마카와슛판샤, 2008)

《세계 각국의 역사 13 : 독일사》 (기무라 세이지 편저, 야마카와슛판샤, 2001)

《세계의 역사 5 : 그리스와 로마》 (사쿠라이 마리코 외, 주오고론신샤, 1997)

《세계의 역사 10 : 서유럽 세계의 형성》 (사토 쇼이치 외, 주오고론신샤, 1997)

《세계의 역사 9 : 유럽 중세》 (사바타 도요유키, 가와데쇼보신샤, 1969)

《세계의 역사 30 : 새로운 세기의 세계와 일본》 (시모토마이 노부오 외, 주오고론신샤, 1999)

《로마 교황사》 (스즈키 노부아키, 지쿠마쇼보, 2019)

《히스토리카 세계사 5 : 동아시아와 새로운 유럽》 (J. M. 로버츠 저, 이끌리오, 2007) (*국내 출간)

《히스토리카 세계사 6 : 근대 유럽의 형성》 (J. M. 로버츠 저, 이끌리오, 2007) (*국내 출간)

《히스토리카세계사 7 : 혁명의 시대》 (J. M. 로버츠 저, 이끌리오, 2007) (*국내 출간)

《세계의 역사 22 : 근대 유럽의 고뇌와 정열》 (다니가와 미노루 외, 주오고론신샤, 1999)

《이슬람의 눈으로 본 세계사》 (타밈 안사리, 뿌리와이파리, 2011) (*국내 출간)

《도설 야만족의 역사》 (토머스 크롬웰 저, 구라모치 후미야 감수, 하라쇼보, 2009)

《세계의 역사 21 : 제국주의의 개막》 (나카야마 지이치, 가와데쇼보신샤, 1990)

《세계의 역사 17 : 유럽 근세의 개화》 (하세가와 데루오 외, 주오고론신샤, 1997)

《교황청의 어둠》 (피터 데로자(Peter De Rosa), 리브로포트, 1993)

《지중해》 (페르낭 브로델, 까치, 2017) (*국내 출간)

《유럽은 어떻게 세계를 지배했는가?》 (후쿠이 노리히코, 다른세상, 2013) (*국내 출간)

《세계 각국의 역사 12 : 프랑스사》 (후쿠이 노리히코 편저, 야마카와슛판샤, 2001)

《다크 히스토리 4 : 도설 로마 교황사》 (브렌다 랠프 루이스 저, 가바야마 고이치 감수, 하라쇼보, 2010)

《로마 교황 이야기》 (P. G. 맥스웰 스튜어트 저, 다카하시 마사오 감수, 소겐샤, 1999)

《로마 교황청의 역사》 (베른하르트 시멜페니히, 도스이쇼보, 2017)

《로마 교황 사전》 (매튜 번슨, 산코샤, 2000)

《기적의 일본사》 (마스다 에쓰스케, PHP겐큐쇼, 2010)

《세계의 역사 22 : 러시아 혁명》 (마쓰다 미치오, 가와데쇼보신샤, 1990)

《바티칸 근현대사》 (마쓰모토 사호, 주오고론신샤, 2013)

《세계 역사 체계 영국사 3 : 근현대》 (무라오카 겐지 외 편저, 야마카와슛판샤, 1991)

《세계의 역사 4 : 그리스》 (무라타 가즈노스케 외, 가와데쇼보신샤, 1989)

《흥망의 세계사 04 : 지중해 세계와 로마 제국》 (모토무라 료지, 고단샤, 2007)

《북방 십자군》 (야마우치 스스무, 고단샤, 1997)

《세계의 역사 5 : 로마 제국과 기독교》 (유게 도루, 가와데쇼보신샤, 1989)

《백문백답 세계의 역사》 (역사교육자협의회 편저, 가와데쇼보신샤, 1990)

기독교로 읽는 세계사 - 바티칸은 어떻게 역사에 군림했는가

* Original Japanese title : CHRIST KYOU KARA YOMITOKERU SEKAISHI

Copyright © 2020 Hirofumi Naito

Japanese paperback edition published by KAWADE SHOBO SHINSHA Ltd. Publishers

Korean translation rights arranged with KAWADE SHOBO SHINSHA Ltd. Publishers

through The English Agency (Japan) Ltd. and Duran Kim Agency

이 책의 한국어판 저작권은 듀란킴 에이전시를 통한 KAWADE SHOBO SHINSHA Ltd. Publishers 와의 독점계약으로 역사산책에 있습니다.

저작권법에 의하여 한국 내에서 보호를 받는 저작물이므로 무단전재와 무단복제를 금합니다.

기독교로 읽는 세계사

바 티 칸 은 어 떻 게 역 사 에 군 림 했 는 가

초판 1쇄 인쇄 2021년 1월 25일

초판 1쇄 발행 2021년 1월 25일

지은이 나이토 히로후미

옮긴이 이유라

발행인 박종서

발행처 역사산책

출판등록 2018년 4월 2일 제2018-60호

주 소 (10477) 경기도 고양시 덕양구 은빛로 39, 401호(화정동, 세은빌딩)

전 화 031-969-2004

팩 스 031-969-2070

이메일 historywalk2018@daum.net

페이스북 https://www.facebook.com/historywalkpub/

© 역사산책, 2021

*잘못된 책은 바꾸어 드립니다.

*이 책의 무단 복제와 전재를 금합니다.

ISBN 979-11-90429-08-5 03900

값 15,000원